康养项目

私域运营实战指南

杨 恕◎著

北京工业大学出版社

图书在版编目（CIP）数据

康养项目私域运营实战指南 / 杨恕著 . —北京：北京工业大学出版社，2023.3

ISBN 978-7-5639-8574-6

Ⅰ. ①康… Ⅱ. ①杨… Ⅲ. ①养老—服务业—运营管理—中国—指南 Ⅳ. ① F726.99-62

中国国家版本馆 CIP 数据核字 (2023) 第 036557 号

康养项目私域运营实战指南
KANGYANG XIANGMU SIYU YUNYING SHIZHAN ZHINAN

著　　者：杨　恕
策划编辑：郑　毅
责任编辑：杜一诗
封面设计：视觉传达
出版发行：北京工业大学出版社
　　　　　（北京市朝阳区平乐园 100 号　邮编：100124）
　　　　　010-67391722（传真）　bgdcbs@sina.com
经销单位：全国各地新华书店
承印单位：香河县宏润印刷有限公司
开　　本：710 毫米 ×1000 毫米　1/16
印　　张：16
字　　数：218 千字
版　　次：2023 年 3 月第 1 版
印　　次：2023 年 3 月第 1 次印刷
标准书号：ISBN 978-7-5639-8574-6
定　　价：68.00 元

版权所有　翻印必究
（如发现印装质量问题，请寄本社发行部调换　010-67391106）

"人心是很难居住在这个数字时代的,我想建造的是那种能让人心居住、扎根的地方。"

——[日]安藤忠雄

自序

很多人都把2012年当作中国康养行业起步的元年,从2012年到现在,已经过去了整整十年。这十年间,康养行业迅速度过了萌芽期,不断发展壮大,无论是在入场企业数量、投资额度、从业者人数上,还是在康养项目种类、床位规模、上下游业态的丰富程度上,都产生了巨大的增量。

2019年年末突然暴发的新冠肺炎疫情,使得世界格局、经济态势、企业命运、生活方式等方面,都随之发生了重大改变,未来之迷途也让人们产生了对不确定性的焦虑。而中国的康养行业恰恰相反,人们对其有着确定性的焦虑。一方面,是持续走低的生育率、少子化和急剧上升的人口老龄化;另一方面,老年群体的支付意愿和支付能力的提升尚需时日。如何在美好的明天到来之前,保证自己可以生存下去,成了众多康养企业正在考虑的头等大事。

缓解焦虑的唯一办法就是聚焦当下。从2017年开始,无论是在康养企业工作期间,还是在后来创业的过程中,我都接触到了很多国内的康养项目,其中不乏大型的康养社区(CCRC)、中高端康养公寓、嵌入式小微机构以及传统意义上的康养院。每当与项目管理人员进行交流时,我都能感受到提升项目去化速度、提高项目利润率是他们亟待完成的考核任务。对于大多数做康养实体项目的企业来说,投资、设计、营销、运营是检验其核心能力的四项关键指标。其中，营销与运营能力更是核心中的核心，它们会直接影响和制约投资与设计。

对于康养项目的营销和运营，普遍面临着如下三个问题。

1. 用户成交周期长，决策难度大，变现困难。大多数老人的关注点，不是在于哪个康养项目更适合自己，而是是否要改变生活方式。当一个家庭做出重大的决定之前，要考虑并解决好其所有的后顾之忧，这往往需要足够的时间和耐心。

2. 营销目的性较强，获客方式雷同。康养项目营销的获客转化途径无外乎品宣广告、网络搜索、电话咨询、邀约来访、预定成交等核心步骤，几乎所有的康养项目都在按照以上方式来争夺康养市场化这块蛋糕，由此逐渐演变成了金钱战、关系战、资源战、心理战。

3. 营销过程与服务过程割裂。康养项目本身是服务行业，产品形态是基于生活保障基础上的综合服务体系，其营销过程是消费者对服务的认知和体验过程，也可以说，营销就是服务，服务就是营销。所以，大多数的康养项目在营销与服务融合方面还在不断探索。

对于康养这件事，底层逻辑是信任关系，中层逻辑是产品能力，顶层逻辑是价值传递。在建立这三层逻辑的过程中，私域流量运营是非常好的工具和手段之一。首先，利用它，康养企业可以直接、有效地触达用户，并与用户建立起高频互动和联系，有助于建立长期稳定的信任关系。其次，在私域运营过程中，康养企业可以充分获知用户需求，深入展现康养项目的安全保障水平、产品设计优势、服务过程与能力、价值观与文化理念，从而得到更多用户的关注和认可。最后，私域运营过程就是给用户提供长期价值的过程，让用户感到更快乐、更满意、更有价值认同感，只有这样，才会让康养项目更广为人知，更有口碑和传播效力。

属于传统服务行业的康养项目，要想在移动互联网时代做出自己的特色，康养企业需要掌握这个时代的关系连接方式和价值提供方式。手握密码，心中有底，这样无论是对确定性还是不确定性，都不会产生焦虑。

事实上，康养行业的私域流量运营模式是从互联网行业的平台思维演变而来的，但两者之间还是有着诸多不同，尤其是康养行业的私域流量运营模式更适合老年群体的特点，更适应康养项目的运营理念，这也是本书要讲述的重要方面。从这个意义上来说，与其说本书是讲解康养营销方法，不如说是讲解康养运营手段。

笔者希望能手把手地教会康养企业如何进行项目私域流量运营。书中内容共分为九章：第一章至第四章，从认知私域流量、搭建私域环境到模拟康养用户的引流场景方面，讲述如何为康养用户打标签、做画像；第五章至第八章，聚焦于阐述私域运营方法，从如何搭建朋友圈的信任环境、保持微信群的用户黏性到如何掌握康养私域运营的内容产出方法、提升裂变技巧方面，帮助读者学会为康养用户提供长期价值，本书第九章通过对全书内容、康养营销、康养运营、康养项目这四个方面进行的反思与追问，以期和读者一起，共同思考康养项目的当下之路和未来发展方向。

由于笔者的认知能力与水平有限，书中内容未必完全符合实际情况及读者心中所想，书中观点也有待时间来检验。对于不足之处，还望广大读者包容海涵，不吝赐教。另外，本书中所使用和列举的图片图像、事例材料只为讲解说明之用，如果涉及其中具体的康养项目和个人，不存在任何倾向性观点。如有雷同或质疑，可联系作者本人（邮箱：yangjordan@126.com）。此外，特别感谢在成书过程中给予我诸多鼓励和帮助的亲人与朋友们。

让我们一起努力，使中国的康养行业变得更加美好！

杨恕

2023 年 2 月

目录

第一章　正确认知私域流量

从流量思维到用户思维 / 2

公域流量和私域流量 / 6

私域的五重属性 / 10

私域流量导入之前 / 15

第二章　建立私域第一印象

第一印象的重要性 / 20

真实且直观的微信头像 / 22

既顺口又容易记住的昵称 / 25

突出价值观的个性签名 / 27

最佳广告位的背景 / 30

第三章　康养用户引流场景

引流场景之公域获客 / 34

引流场景之电话咨询 / 46

引流场景之来访参观 / 50

引流后的关系建立 / 55

第四章　用户管理画像描摹

私域运营的用户分类 / 60

私域运营的标签管理 / 63

康养用户画像的制作方法 / 68

康养用户画像实践法 / 73

第五章　微信朋友圈——信任环境

发布微信朋友圈的常见误区 / 84

发布微信朋友圈的必备公式 / 88

发布微信朋友圈的内容素材 / 96

发布微信朋友圈的实用技巧 / 104

第六章　微信群——保持黏性

微信群与社群的关系 / 112

微信群的分类与组建 / 117

如何有效运营长期微信群 / 122

如何高效使用快闪微信群 / 138

第七章　掌握内容产出方法

用音文挖掘深度价值 / 150

用视频传递生活方式 / 160

用直播创建知识店铺 / 173

用游戏获取互动黏性 / 184

第八章　提升用户裂变的技巧

康养用户裂变的方法 / 200

康养用户裂变的场景 / 205

康养用户裂变的形式 / 211

设计高关注度的海报 / 219

第九章　二次认知私域运营

反思追问——本书内容 / 228

反思追问——康养营销 / 230

反思追问——康养运营 / 233

反思追问——康养项目 / 237

尾声：当下之路 / 240

参考书目 / 243

第一章
正确认知私域流量

传统的营销与传播正面临新的解构。许多互联网产品及媒介的出现给康养项目和从业者带来了巨大的挑战。简单地学习微信营销、微博营销、短视频营销都不足以从系统的角度理解和实施新的营销策略。最好的方式是从认知私域流量开始,了解私域流量的本质和特点,同时充分理解私域在康养行业的多重属性,找到最适合的私域流量载体,这样才能为下一步我们实施私域流量运营奠定坚实的基础。

从流量思维到用户思维

一、康养项目的营销困境

近两年来，越来越多的康养项目的营销和管理人员会感受到一种明显的变化：对于康养项目的营销展开的竞争愈演愈烈，大家都在抢用户、抢流量，尽管采用和出台了很多应对措施和刺激政策，诸如提高渠道佣金、提升线上投放预算、赠送用户优惠福利等，但是，项目入住率的提升依旧缓慢，导致业绩压力很大，康养项目的营销仿佛进入了一种"囚徒困境"，具体有以下表现。

1. 获客成本越来越高

以北京市场化中高端康养项目为例，一条有效来电的平均获客成本为180~250元；成交一个床位的平均获客成本为1~2万元，相当于长辈入住项目一个月的月费。这样的获客成本不包括支付给销售人员的佣金和渠道费用。由此使得项目的整体营销费用居高不下，然而，这些中高端的康养社区、康养公寓的平均成交率并不高，平均每月仅为5~8人。

能支付得起这样高的获客成本的康养项目在整体市场项目中所占的比例并不高，一般多是一些规模较大的险资集团、地产集团和以国企、央企为依靠的大公司的康养项目。因为很多中小型的康养项目、民营康养项目以及中低端康养项目的整体营销预算有限，所以，其获客更难。

2. 线上获客愈发白热化

线上是大部分康养项目的主要获客渠道。几乎每个成熟的康养项目都会搭建自己的网站、网页和公众号，会选择花钱做网站优化、关键词优化与搜索引擎竞价，通过SEO（搜索引擎优化）和SEM（搜索引擎营销）的方式进行引流获客；营销费用充足的康养项目还会请第三方公司做一些信息流传播和内容推广方面的业务。如果说整体市场中的全部康养用户流量相对稳定，并没有出现跨越式的增长，那么，随着康养项目供给增多，线上竞争形势会愈发白热化，关键词竞价必定会越来越高，有效线索率会越来越低，其结果就是康养项目能获得的流量会越来越少。

目前，互联网上还有很多依靠贩卖客户线索为生的伪装型康养网站和网页，这些大多是第三方公司所为，它们会伪装成有实体公司的康养企业来吸引用户关注，这让真实的康养用户难以辨别，从而产生不良体验和不信任感，这也从侧面降低了线上获客的有效率。

3. 付不起大V的广告费用

有的康养企业会尝试与知名媒体人、头部公众号、微博大V、抖音红人合作，以推广自己的康养项目。这样的想法其实很好，但在运作过程中会遇到两个问题：一是这些大V一般是先收费再宣传，不保证能引来流量。而且，费用动辄几万元、十几万元，让康养企业难以承受。二是这些大V的粉丝群体和康养项目获客的目标群体可能会有偏差，由此带来的实际效果未必令人满意。

4. 流量正在快速流失

事实上，线上获取的流量是需要进行转化的，而康养项目的营销团队的转化能力参差不齐。比如，营销人员的电话咨询接待、邀约或来访参观接待、营销节奏把控等环节，都需要经过专业指导和进行强化演练才能逐步达到康养企业想要的效果。有不少康养项目靠花钱引来了流量，结果却转化不成用户，况且有时候转化本身不仅要依靠营销团队，还需要项目整体运营服务团队的共同参与。

参照市场平均水平，从用户打电话咨询某个康养项目开始，到最后该项目签约成交，成交率能达到10%的康养项目已属优秀水平，能达到20%的实属凤毛麟角。这背后是大量有实际康养需求，但暂时成交不了的用户的流量，对这些流量的维护，如果仅靠营销人员的自发性，其专业程度明显不足。

二、流量思维与用户思维

要改变现状，就要先改变思维方式。康养产业要从传统模式下的流量思维转变为用户思维，这两种思维方式是有本质区别的。

先介绍流量思维，如图1-1所示。

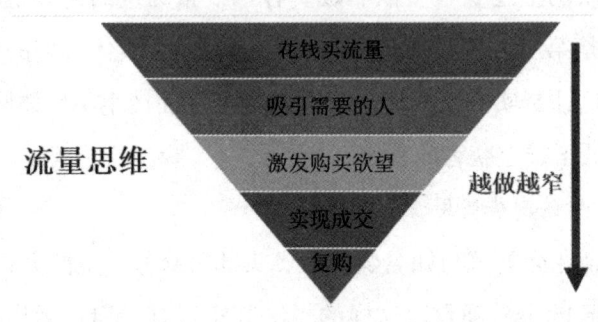

图1-1 流量思维下的营销方式

流量思维是把用户当作流量，即先花钱去买流量，然后从流量中吸引对产品感兴趣的人，再把这些人筛选出来，进一步去激发他们的购买欲望，最后，通过营销手段促使成交和复购。在流量思维下，用户会被层层筛选过滤，用户数量会越来越少，康养项目需要源源不断地补充新流量才能继续运营下去。

再介绍用户思维，如图1-2所示。

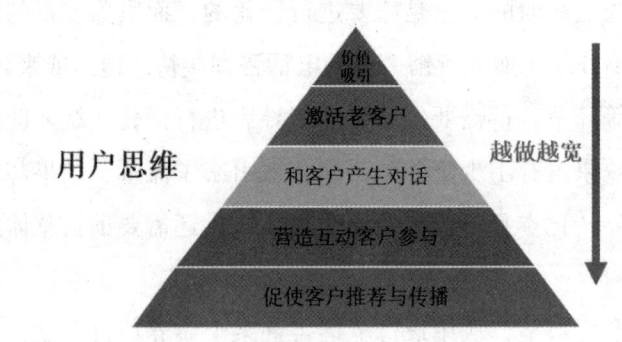

图1-2 用户思维下的营销方式

用户思维是把用户当作真实存在的人。只要是人，就有喜好、情感、思想、个性。在用户思维下，先为用户提供价值，匹配需求，再通过和用户的高频对话与互动，提高用户的参与程度，促使用户自发地进行传播和推荐，这时成交只是顺带完成的事情。在用户思维下，用户会越聚越多，康养项目的路会越走越宽，新流量会自发地、源源不断地流进来。

流量思维是一种从获取流量到流量变现的过程，其使用者更多的是互联网公司和广告公司，其本质上是卖方思维，也是销售型思维。而用户思维是获取流量后，通过运营用户，为用户提供长期价值，以成交为次要目的，以传播为主要目的的过程，其使用者更多的是提供高价值产品的品牌方企业方，其本质上是买方思维，也是运营型思维，如表1-1所示。

表1-1 流量思维与用户思维的区别

	流量思维	用户思维
方式	获取流量→流量变现	获取流量→运营→（变现）→传播
对象	互联网公司、广告公司	品牌方、企业方
本质	卖方思维、销售型思维	买方思维、运营型思维

用户思维是本书重要的观点之一，因此，在介绍康养项目私域运营之前，先介绍如何使用用户思维去思考营销和运营过程，特别是以下四个方面。

1. 转变判别用户的态度

把康养用户当作一个个真实具体的人来对待，而不仅仅是流量的一部分。当用户和康养项目发生联系时，先不要主观地去判断与该用户是否能够成交，以及是否值得去维护该用户。而是要先去关注有哪些需求是我们可以先试着去满足该用户的。

2. 建立长期维护的心态

在用户思维下，康养企业并不只是去维护具有高购买意向的用户，而是需要做好康养用户信息的精细化管理，即把所有留存下来的康养用户做好分类，标注合适的标签，并在员工的头脑里建立起长期维护的观念，通过设计个性化的内容与活动，去一对一地维护用户。

3. 判断用户的成长周期

在用户思维下，康养企业要关注用户的成长周期。不同用户与康养项目的关系处于不同的阶段，有默默关注的用户，有愿意参与互动的用户，有主动传播和分享的用户，还有高购买意向的用户，最后才是成交入住的用户。康养企业只有准确判断不同类型的用户正处于成长周期的哪个阶段，才能针对用户所处阶段的特点做好用户的运营与维护。

4. 优化项目，关注重点

在用户思维下，我们要从只关注用户的成交率、转化率，转变到同时关注用户的传播率、推荐率。对于康养项目来说，私域流量运营中的用户体验与价值传递是首先要去考虑和完成的任务，一旦做到了这些，与用户成交往往是水到渠成的事。只有让用户自发地去传播和推荐康养项目，才不会使流量枯竭。

用户思维本质上是服务思维。康养企业首先要构建用户的信任感，主动和用户做朋友，以满足用户及其家属的需求为目的，强化服务，弱化营销。其次，要提升用户的参与感，设计能与用户及其家属互动的场景，开发参与性强的体验活动，并激励用户扩散、分享良好的体验与感受。最后，要注重真实感，打造康养项目营销与服务一体化，给用户和其家属带来更有温度的体验，而不仅仅是冰冷的品牌宣传。因为有真实感的事物，人们才会对其进行更多的传播。

公域流量和私域流量

一、公域流量

简单地说，公域流量就是康养项目在公共资源平台上获取到的流量，俗称"引流"。公域流量不属于康养项目独自拥有的流量资源。

公域流量有以下四个显著特点。

（1）受制于流量平台。无论是内容分发式的平台，如抖音、快手、小红书、今日头条，还是内容搜索式的平台，如百度、搜狗，流量的多少都依赖于该平台自身制定的流量规则。

（2）相对容易获取。这里说的"相对容易"，是指获取方式简单、易操作，但如果想要获得更多的公域流量，必须提升康养项目在这些平台上的曝光率，比如，通过花钱购买流量等方式提高曝光率。

（3）用户黏性较差。在当今碎片化阅读的时代，公域平台上的海量内容已经给用户造成了信息过载的局面。大部分用户很少有耐心看完整内容，因为用户在每条内容上的平均停留时长为3~5秒，甚至更短。而用户一旦选择在手机上划走某条内容，就很难再回看。

（4）不能重复触达用户。如果我们想和公域流量平台上的用户进行直接互动，只能通过平台工具，这样一来，不仅互动形式单一、效果有限，还很难与用户建立全面的信任关系，而且用户流失后，康养企业难以再次触达。

公域流量的获取途径有很多。其中，康养行业能够用得上、可合作的公域流量资源，大致有以下八类。

（1）百度系。如百度搜索、百度贴吧、百度百家号、百度知道、百度问答、百度百科等。

（2）腾讯系。如微信、微信小程序、公众号、视频号、搜狗、QQ浏览器、美团、大众点评等。

（3）电商系。如京东、天猫、淘宝、拼多多、小红书、微博等。

（4）字节跳动系。如今日头条、抖音、快手、西瓜视频等。

（5）知识类平台。如知乎、得到、混沌、喜马拉雅、果壳等。

（6）视听类平台。如爱奇艺、优酷、腾讯视频、QQ音乐、酷狗音乐等。

（7）旅游类平台。如携程、艺龙、途家、马蜂窝、途牛、驴妈妈等。

（8）线下公域。除了互联网平台以外，如电视、广播、户外广告、电梯广告、车站广告以及传统纸媒，都是很好的线下公域流量来源。

二、私域流量

简单地说,私域流量就是康养企业把用户从公域资源平台导入康养项目自有的社交账号,使其成为能与用户在私域场景下进行及时沟通、重复触达和管理的流量。

私域流量有以下四个显著特点。

(1)康养企业可以自主拥有。一旦公域资源平台上的流量被导入私域,就成了康养企业可以自主运营的用户资源,不再受公域平台的制约。

(2)方便进行用户管理。导入私域里的用户资源可以随时进行分类、打标签,并可根据用户特征和需求进行管理。

(3)可通过运营建立强黏性。可通过给用户提供长期价值的方式,建立起与用户之间的信任关系,并通过高频互动,让用户成为你的免费传播员。

(4)可重复触达。除非用户自己取消关注或拉黑,否则在私域中,康养项目可以与用户进行反复、多次的互动,以建立深度联系。

为了便于大家理解私域流量,我们来看两个真实案例。

案例1:大型餐饮连锁品牌西贝是私域流量运营的先行者。2016年年初,西贝投入了1亿元左右的资金,分别用来赞助春节联欢晚会和北京的马拉松赛事,但结果发现其营销效果并没有达到预期。于是,西贝的管理层开始转变思维,尝试慢慢进入餐饮行业私域运营的赛道。西贝在全国共有5000多万名食客,因此,首要的目标就是把这5000多万名食客全部加到微信个人号上进行运营。管理者认为,每个店的店长是距离食客最近的人,于是,把店长个人微信号设定为私域IP,西贝从第一批的17个微信个人号,到现在一共有1000多个微信个人号在同时运营。用西贝董事长贾国龙的话说:"再也不用让员工去大街上发宣传单了"。出自搜狐网《刘翌揭秘:西贝餐饮如何靠私域逆转危机?精耕10%会员贡献出40%门店营收》。

案例2:国货彩妆品牌完美日记也是私域流量运营的高手。该品牌诞生不到三年，就能够赶超彩妆领域的老品牌，销量荣登国货彩妆榜第一名。它的私域流量导入是通过两种形式实现的：一种形式是门店引导，通过使用福利引流的手段，引导到店的顾客加一个微信号成为好友，而这个微信号就是已经被打造成小IP的"小完子"；另一种形式是当用户在线上下单完美日记的产品后，就会得到一张红包卡，它会引导用户关注公众号领取，再顺势引导用户添加微信个人号"小完子"。据了解，完美日记有上百个微信个人号，都是以"小完子"的人设统一对外，也就是说，完美日记的业绩不是几个人运营的成果，而是一个庞大的团队在运营支撑，并由此成功地打通了整个链条。出自搜狐网《案例分析｜完美日记私域流量运营》。

以上两个案例，分别来自餐饮行业和彩妆行业，尽管康养行业私域运营的特点和方法与它们不尽相同，但是我们可以通过案例获知：做私域运营之前，第一步就是要把公域的流量导入私域，这是重中之重。

三、私域流量的承载形式

企业的社交账号可以有很多种形式，比如企业微信、服务号、订阅号、视频号、微信小程序、微博账号、抖音账号等，每种账号里都沉淀了不少的用户。那么，究竟使用哪种社交账号来承载私域流量最合适呢？从实际使用的效果上看，把私域流量的承载形式由好到差做个排序，其顺序如下。

微信个人号＞企业微信个人号＞服务号＞订阅号＞微信小程序＞其他账号

以上排序形式与社交工具本身具有的属性和作用相关，因为私域运营最大的目的是要与用户发生直接联系，以实现反复、多次的触达，从而建立起有效沟通的渠道。显而易见，服务号和订阅号只能每周或每天触达用户一次，沟通频率太低；像微博账号、抖音账号、微信小程序等的触达场景，则无法和用户建立起及时、高效的沟通机制。

目前，私域流量最有效的承载形式主要分为两种：一种是微信个人号；另一种是企业微信个人号。

私域的五重属性

在"公域流量和私域流量"中,我们对私域流量的承载形式做了介绍,总结出最有效的私域流量承载形式是微信个人号及企业微信个人号,并且以微信个人号为优先,其中的原因是和私域的属性相关的。

一、私域的五重属性

私域有以下五重属性,这些属性与康养项目的营销和运营方式高度契合。

第一重属性:社交属性。

在私域中是可以反复、多次地触达用户的,可以营造出一种社交氛围,便于与用户建立信任环境和深度联系。在这种社交氛围下,康养企业可以把陌生用户变成半熟人或熟人。

比如,之前的案例中提到的某品牌博主,就是通过私域打造了非常完美的人设,如图1-3、图1-4所示。

图1-3 分享美妆　　　　图1-4 分享旅游景点

这种设计从外在层面上，能让用户感知到角色的颜值、仪表、穿着、谈吐，有效消除距离感，从而快速建立和用户的关系。所以，我们就看到了一个活在朋友圈里的精致女孩。"她"不仅颜值高，还是一个美妆达人。除了经常分享美妆好物之外，"她"还经常打卡网红旅游景点，分享美食，就像一个陪伴在你身边的、有温度、有情感的好朋友一样。

从内在层面上，这种设计有利于企业打造彩妆领域的专业形象，为自己造势。"她"通过高度活跃的文字、彩妆测评图片和专业教程，把"私人美妆顾问"的人设给立了起来，让用户感受到和自己沟通的是一个真实且鲜活的人，她在彩妆领域是专业的，是可以被信任的。

因为私域是点对点的连接方式，我们与用户彼此都知道手机的另一端是活生生的人，所以，这种真实感是具体而鲜活的。相比品牌和公众号而言，私域更有温度。

第二重属性：服务属性。

康养项目在通过私域环境与用户进行沟通的过程中，会利用解答用户的咨询和疑问的机会，传递康养项目的产品信息和服务内容。同时，借机邀请用户来参与康养项目体验活动，适时发起互动话题以增加线上活跃度，积极分享康养项目日常运营服务的点滴美好与细节。

比如，前文提到的西贝案例中，企业在私域中就做了很多具有服务属性的事情。

西贝通过私域平台，主动向用户展示旗下店铺所用食材的原产地、运输和加工过程，由此大大增加了用户的信任感。同时，西贝以每个门店为中心，建立起西贝商城，完善了品牌食品和生鲜配送机制，吸引用户留存，扩大营收渠道。从疫情开始时西贝全国的总现金流撑不过3个月，到现在的每天给约9万个用户送餐。西贝通过开展线上外卖服务项目，依靠不到10%的会员，实现了40%的营业收入。

康养企业也可以通过私域来让用户充分感知服务全貌，让用户逐步对康养项目有更完整、具体、翔实的认知。

第三重属性：社群属性。

在私域环境下，我们可以搭建具有场景化特点的社群，因为场景化社群可以最快地解决用户信任感的问题，可以通过社群成员的互动、话题分享、活动参与、价值传递，建立起和用户的黏性，比如：

2020年，作为潮玩行业领先者的泡泡玛特卖出了5000万个潮玩，共收入25亿元。据泡泡玛特不完全统计，其在微信上有接近3万个社群，社群里的用户间相互助力，分享限量版潮玩资讯，进行二手商品售卖，俨然就是一个个微型的潮玩社区。泡泡玛特非常重视通过企业微信自建社群的营销方式，并且成立了专门的社群运营部门。泡泡玛特把从UGC（用户产出内容）社群中统计出来的热门话题和内容，经筛选编辑后，按节奏发布在官方社群中，从而营造社群氛围和提高小程序的活跃度，促成成交。出自搜狐网《200%的拉新率？55%的复购率？泡泡玛特究竟做了什么？》。

在移动互联时代，社群的价值被无限地放大，这正是私域社群属性的最好体现。同时，在私域社群里，我们通过互动交流可以相对容易地获取每一个用户的显著特征、个人信息、喜好和价值需求。

做私域运营的过程，就是不断给用户贴标签、分社群的过程。对于导入私域的用户，我们根据其特点和需求进行分类，然后成立不同的微信群。在运营微信群的过程中，康养企业可以不断地进行用户筛选和分级，并通过开展线上加线下活动的方式来建立、扩充、打磨康养项目社群。

第四重属性：价值属性。

私域运营的过程，就是一个不断传递价值、分享价值和达成价值认同的过程。

随着时间的推移，私域的用户量会不断增加，同时，用户会在价值传递的过程中不断地进行迭代，那些最终选择留在康养项目私域中的用户，一定是对该项目的价值观表现出强烈的认同的用户，比如：

长城汽车旗下的坦克300上市后不久，迅速成为现象级产品，这离不开其出色的产品力和以私域用户为中心的共创模式。通过消费者最喜欢的社交化方式，坦克300成功地与用户建立起真诚互动的情感沟通。它以共创原则突破传统车友会的封闭圈层，积极构建专属于坦克300车友们的集体荣誉感。同时，坦克300使用素人用户做代言背书，通过素人的职业、生活态度、性别，向消费者主动传递该产品的人群定位，吸引目标人群通过这款车实现自我。另外，坦克300还不断地丰富自身的"潮流"属性，让更多的年轻人（包括女性用户）持续关注，并争相购买。坦克300成功地突破了品牌与用户之间的壁垒，利用私域运营更好地进行圈层渗透，让用户在更加清晰地了解并认同品牌文化的同时，传递品牌价值，实现情感的高度共鸣。出自坦克SUV官网《坦克300火爆热销的背后：非传统的高阶玩家》。

这些有着相近个人特征和服务需求，有着相同价值认同感的用户集合在一起，就是圈层，也是产品IP的一部分。

第五重属性，传播属性。

当用户信任企业的服务、认同企业的价值之后，会自发地成为企业的拥护者和传播者，这也是圈层忠粉的体现。每个人都有可能成为康养项目的宣传员和分销商。这也是我们在本书后续内容中会谈到的KOC（关键意见消费者）的重要作用，比如：

居于国内母婴产品零售头部的品牌孩子王，早就已经将自己的私域玩法迭代到了2.0版，其借助微信打造了5000名育儿顾问专家的私域IP。孩子王的创始人汪建国自曝曾经花了300万元邀请国际顶级咨询公司来做调研：顾客选择到孩子王门店买东西的原因是什么？结果出乎所有人的意料，用户决定去门店购买产品的第一个原因，竟然是出于对门店的接待员工的信任感。

基于这个调研结果，孩子王迅速借助微信平台来打造私域IP，把线下导购模式复制到线上，打造私域的育儿顾问专家，并通过专业的服务、导购经验和育儿建议，让更多的消费者产生信任和依赖，进而自发地去传播和分享孩子王的线上线下购物体验，让私域用户量不断增长。出自腾讯网《零一裂变：群折叠之后，私域运营怎么做？IP篇》。

移动互联时代使得每个人都可以成为新闻发言官和企业传声筒。无论是汽车、房子、奢侈消费品、保险产品这样的高价值商品，还是生活用品、日常消耗品这样的低价值商品，抑或是酒店、商超、游乐场所的服务这样的体验型商品，都可以依靠消费者进行广泛传播。自发的传播会不断地扩充康养企业的私域用户池，让康养项目能够从购买高成本流量的局面中解脱出来。

二、私域属性结合微信生态

那么，为什么微信个人号和企业微信个人号最适合做私域流量运营呢？因为它们除了符合上述的私域五大属性特征之外，还可以利用微信生态圈把私域的价值发挥到最大。

微信平台拥有中国最庞大的社交群体：用户超过13亿人，月活超过12亿人，其中，55岁以上使用微信的人数达到了2亿左右，而且，这个比例还在不断提升。同时，微信也是最大的社交关系链，可通过贴标签的方式对通讯录中的每个人进行分类，建立起基于个人的庞大社交网络。

如今，微信平台已经形成了具有鲜明特征的生态营销闭环，处于微信生态中的各种工具都有自己的主要作用，如表1-2所示。

微信视频号可以进行视频传播和直播，进行公域引流，它属于去中心化的视频产品形式，对于垂直内容更加友好。微信公众号主要是通过内容创作来吸引用户、积累信任的，内容创作也是内容营销及品牌建设的中心环节。微信个人号和企业微信个人号是做私域流量的细颗粒度运营的。微信群是沉淀和唤醒流量的主要场所，是做私域流量的粗颗粒度运营的。微信朋友圈可以强化用户信任关系，同时，它也是私域流量裂变营销的入口。微信小程序是App的小场景化，是消费落地的场景，以便于商品和服务的转化。

表1-2 微信生态工具在私域运营中的作用

微信生态工具	私域运营作用
微信视频号	公域引流
微信公众号	内容积累信任
微信个人号/企业微信个人号	私域运营（细颗粒度）
微信群	私域运营（粗颗粒度）
微信朋友圈	强信任关系
微信小程序	商品/服务转化

可以说，微信生态中的各种工具已经打造了完整的企业营销生态闭环，微信生态可连接一切。相比企业微信个人号来说，微信个人号更胜一筹，它更具有真实感，也更符合康养行业的特点。微信个人号对老人来说更常见且更易于操作，便于他们及时沟通与咨询。对康养企业来说，微信个人号也是目前大部分康养项目的销售人员用来维护用户的主要方式。

因此，本书主要介绍如何使用微信个人号去搭建私域环境和运营私域流量，而对于企业微信个人号来说，情况基本类似，大家可以酌情自行模拟。

私域流量导入之前

对私域流量进行导入之前，首先要搭建好承载私域的载体。说得直白一点，就是要准备好微信个人号，做好开号，进行养号。

开号指的是微信个人号最好是由康养企业统一开通，分配给相关工作人员，这样即便是人员发生变动时，号码也不变，用户资源不会流失。养号指的是新号开通后要做一些必要操作，同时要避免一些不当操作，以规避微信平台封号带来的不利影响。

那么，具体应该怎么去做呢？大概有如下十种方法，大家可以用来作参考。

（1）康养企业统一采购手机和电话卡，交给员工使用，并制定好相关管理规定，要求员工严格遵照执行。这么做的目的是确保出现员工人事变动后，用户的微信通讯录和聊天记录不会受到影响，方便其他员工接手。同时，用户也不会因为康养项目人员的变动而产生突兀的感觉。

（2）尽量在移动流量 4G 或 5G 环境下下载并安装微信，不要使用室内工作 Wi-Fi。特别是同一批开通的微信号，如果是在同一个 IP 环境下下载安装微信客户端，腾讯识别系统易将其判定为企业使用或将其判定为营销号，这样一来，该微信号从一开始就会被区别对待，未来被封号的风险也会很高。

（3）手机号即微信个人号。微信号开通后员工要及时完善各类信息（具体内容会在第二章中讲解），如果能绑定个人银行卡号会更好，这样系统会默认这是一个真实的用户。做好绑定后，最好不要经常更改。

（4）开通微信号后，要让员工移动起来。即不要长期处在同一个场所和位置，也不要长期在同一个 Wi-Fi 环境下使用该微信号。因为不移动不是一个个人号的常见表现，最好是在多个地点、多个场景使用微信功能，这样才能有效地规避封号风险。

（5）尽量多地把微信的各项功能都用起来。比如，先加一下同事和好友的微信，发一些语音、图片、视频、链接；比如，发几条朋友圈、互相点赞、评论一下；比如，进入几个微信群，发发言；比如，和同事通过语音和视频通几次话；比如，用微信支付、微信钱包发个红包，买个东西。做这些行为的目的，就是让系统判定该号是由真实、正常的人使用，使系统不会做出不利于该号未来运营的判定。

（6）避免使用敏感词汇。在微信号开通后，要特别注意不要使用交易类的词汇，如打款、收付款、支付宝、账号、密码、银行卡号等。也不要使用违法乱纪和政治敏感词，如赌博、吸毒、战争等。

（7）不要频繁地群发消息。特别是不要经常在一个微信群中群发营销类的信息，这样容易被举报、投诉。也不要经常在朋友圈发营销类的广告，这样做很容易会被用户屏蔽或取关。

（8）注意好友数量限制。一般来说，一个微信个人号的好友上限为3000人，如果突破了这个数量，你发布的朋友圈将会有一部分好友看不到。另外，从私域运营的角度考虑，过多的用户不会带来精准的一对一触达，这反而会使运营变得更粗犷。建议将每个员工的有效用户好友数量保持在1500人左右即可。如果用户人数越来越多，那么就需要康养企业做更精准的用户分层，即根据用户类型来规定每个员工的运营用户数量。

（9）注意更换设备时的流程。如果必须要更换手机，需要注意在原有设备上先退出微信，然后再在新设备上重新登录微信。

（10）预留养号的时间。一般来说，开通新微信号后，至少要有7~15天的时间用来作为养号过渡期。在这期间，尽量不要大量添加用户，不要过多使用营销语言。要努力做得像普通个人用户使用微信号时的状态，等系统做出判定后，再逐步开始进行引流和运营。

第二章
建立私域第一印象

　　私域就是康养项目和用户之间的联结场景。在这个场景里,康养项目通过吸引和留存用户来建立起它与用户之间的初步联系,通过激发用户的兴趣建立起情感纽带。在这个场景里,康养项目为用户提供服务,真诚地帮助用户,建立起彼此间的信任关系。在这个场景里,康养项目依靠用户的拥护和裂变,获得更广、更深的传播价值。因此,我们先要把场景搭建好,让用户进入这个场景之后能自发地喜欢、产生兴趣,这对于下一步的用户留存和转化是至关重要的。

第一印象的重要性

微信个人号的门面，其实就是康养项目私域给人的第一印象。当我们在公域流量平台进行引流时，引导用户添加我们的微信个人号，那么，这个个人号中的图像、文字中所体现出的气质、形象、信息、专业程度等，都会给用户带来最直接的感受。这种感受也会让用户产生先入为主的第一印象。优秀的个人门面会让用户感到眼前一亮，会给用户带来信任感，容易使其产生更好的互动体验。给人第一印象差的个人门面，则会让用户产生心理障碍和众多疑问，在互动时很难产生好的结果。

以下是我亲身经历的一个例子，如图 2-1 所示。

这是某酒店前台员工的微信朋友圈截图。这家酒店是当地非常出名的一家四星级酒店，在携程上用户评分为 4.6 分，该酒店的周边景观、硬件和性价比都不错，停车场也很大，所以，在自驾旅游途中，我选择了入住这家酒店。我在前台办理入住手续时，这名前台员工主动告知：现在酒店正在做活动，若添加前台员工的微信，则入住期间有任何问题都可以联系她解决，同时，如果客户离店后在携程 App 上给予酒店五星好

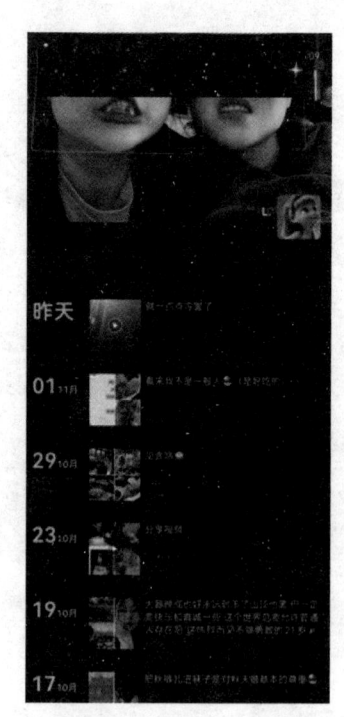

图2-1　私域门面的第一印象（负面）

评，截图发给她的话，那么，现在就可以免费给客户升级房型。这个活动对客户来讲当然是个好消息，我也愉快地答应了。其实，酒店的整体体验确实还不错，我也履行了承诺。但是，当我想深入了解一下其他信息，在看到前台员工的朋友圈时却感到有些意外。

我相信酒店管理人员的初衷一定是引流私域和与用户互动，以获取好评，并且吸引老用户进行传播和复购。但是很显然，该酒店在私域引流的基础培训和准备环节上出了问题，这样的私域门面不仅不能起到互动效果，反而会适得其反，令大部分用户感觉这家酒店另类、不专业，甚至会果断取关或屏蔽这位前台员工。

那么，我们再来看另一个我亲身经历的例子，如图2-2所示。

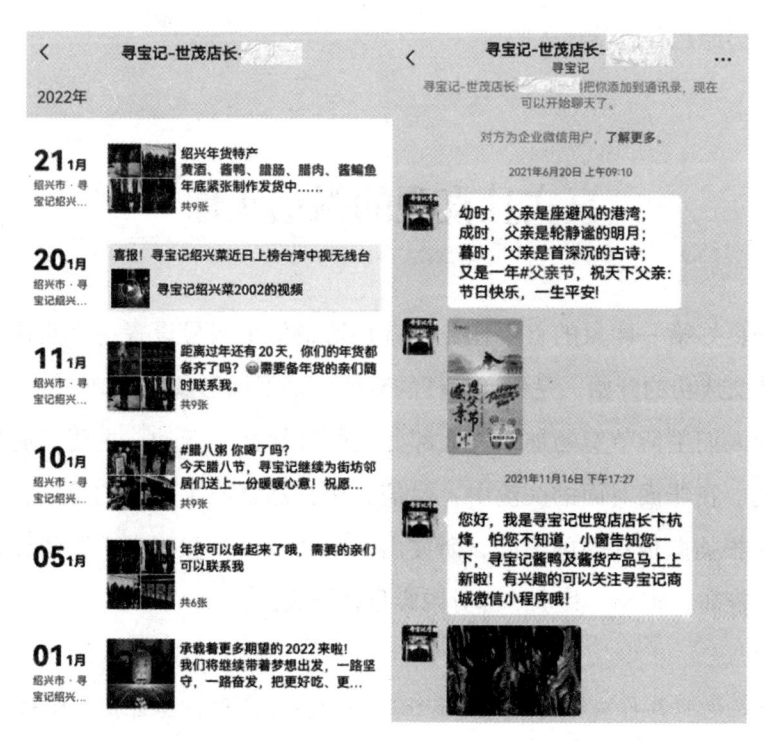

图2-2 私域门面的第一印象（正面）

我在浙江绍兴旅游期间，在大众点评App上找到了一家很有当地特色、

21

评分也很高的连锁餐厅。来到餐厅时，贴在门口显著位置的海报上写着：添加店长微信即可赠送特色菜一道。我当然马上就扫码添加了。该餐厅无论是环境、菜品质量还是服务，都相当不错，值得推荐给大家。当我认真看店长的朋友圈时，我发现这是一个企业微信个人号，但是其给人的第一印象是十分专业的，明显是经过培训后才开始使用的。

这位店长不仅微信门面做得好，而且他会定期和老用户互动，其中有问候，也有产品推荐。

以上两个服务行业的事例，对比鲜明。先不论私域流量的后续运营做得怎么样，首先在第一步的门面搭建上，就已经分出了伯仲。事实上，企业带给用户的第一印象是其分享和传播的基础，如果是你自己都不愿意看的东西，那么，你会愿意分享给他人吗？

真实且直观的微信头像

建立良好第一印象的首要任务，就是给微信个人号设置一个头像。好的头像是社交成功的开始，是传递信任的载体，是展示形象的窗口。

随着人们生活节奏的加快，大部分人的日常社交活动，主要是通过微信来完成的。在非面对面的交流中，微信头像自然就成了我们的第二张脸。心理学家还根据微信头像的不同，研究出一门"微信头像识人术"的课程，据说可信度较高。比如，其中的部分内容是这样说的：

用自己的照片作头像的人都会有比较强的自我意识，其自我认知相对清晰，对自己充满自信；象征着他们愿意表达自己，愿意沟通交流，渴望与他人产生联结。

（1）使用自拍或不介意放大自己面部特征的人，心态更为开放，不在意别人的目光，甚至比较自恋；

（2）使用半身照、全身照、旅拍照以及含有其他信息的照片的人，性格更温和含蓄，懂得扬长避短，给他人展示其正面的形象；

（3）使用半遮半掩、背影、戴墨镜这类头像的人，内心复杂而矛盾，既希望得到别人的认可，又羞于展现自己，自尊心较重。

用动物或宠物作头像的人，多是不擅长社交或不喜欢社交的人，但内心有纯真的一面，希望被肯定、表扬和赞美。这类人往往交流姿态比较低，不易和人发生冲突。

用表情包作头像的人，性格活泼开朗、热情好动、善于交流、有幽默感、个性鲜明，但其往往大大咧咧，做事情凭心情。

用合照作头像的人，可能是用跟伴侣、跟孩子、跟父母、跟朋友的合影，这样的人大多缺乏安全感，一般独立性较差，他们看重关系，依赖他人。他们最大的快乐往往来源于跟他人的互动以及关系的建立。

用物件作头像的人，比如用酒、美食、玩具或文玩，这类人愿意表明自己的兴趣爱好和生活方式，往往低调又含蓄，不喜欢张扬，不善言辞，其内心善良但喜欢与人保持一定距离。

做私域流量运营的微信个人号的头像和我们日常生活中的微信个人号还是要有所区别的。生活中的微信个人号体现了一个人的个性和爱好，微信头像的设置自由度高，而私域运营的微信个人号既要体现专业感，又要表现出亲和力。康养项目的受众是年龄偏大的人群，他们往往容易接受更直接、更真实的形象。

首先，我们要注意私域运营的微信个人号头像设置的误区：有的朋友非常喜欢自然景观，会在头像上设置一些漂亮的风景照；有的人会把自己的宠物和自己一起放在头像上；我也经常见到很多人的头像使用的是自己孩子的照片；还有很多人会在头像上放一些文字的图片等，如图2-3所示。这样的头像会增加用户的距离感和陌生感，让用户和其家属不好识别，也会增加沟通成本。

图2-3 私域运营微信个人号头像设置的误区

那么，为微信个人号设置什么样的头像才比较符合用户的心理预期呢？一般来说，以下两种头像设置方法都是比较适合的。

第一种，真实清晰的个人职业照，这是个人形象的精致打造。用户通过头像中你的服装、眼神、动作、精神面貌，就能直接感受到画面里的你的气质和专业度。

第二种，在个人照基础上的漫画形象，这也是最近比较流行的一种头像设置方式。会使用户在直观的感受上又增加了一些趣味性。

其次，还有一些温馨提示。有的员工在做微信个人号时，会把头像设置成项目LOGO（标识）或品牌，这种做法会让用户的感受打折扣，用户会感觉自己时刻在和企业打交道，要知道品牌是没有温度的，品牌背后的人才有温度。还有的员工喜欢在康养项目的广告前拍照，这样的照片上人物很小，康养项目作为背景很清晰，用户通过头像最渴望直接感受的是你本人，而不是康养项目的宣传，因此这样做是有弊端的。关于康养项目的广告，可以放在背景设置处。还有一种头像，会在人物的旁边添加一些附属品，比如车、家具、书画等，这些也大可不必，原因是不要让用户被一些无关紧要的物品分散注意力，要努力让用户把关注点都聚焦在你身上，这样用户才有最真实的感受。

当然，在遵循以上头像设置的原则后，你的头像也不要一成不变，时间久了，用户总会产生审美疲劳。这里教给你一个小窍门，你可以选择每年或每半年更换一次微信头像，在更换微信头像的时候，你可以在个人号的朋友圈上官宣一下：本人换头像了！今年的我是不是更帅了呢？这样的话语既轻松愉快，又拉近了你与用户的距离，用户可能还会因此和你互动，给你点赞和评论。

既顺口又容易记住的昵称

昵称是名片，昵称自带能量，朗朗上口的昵称会让用户瞬间记住。

昵称，就是给私域微信号起名字，要知道，起名字也是有学问的，因为名字是个人气质的体现，也是身份的象征，还是情怀的展示。在设置昵称的过程中，有一些误区需要你注意规避，大致分为以下三类。

第一类误区：营销气息太明显。

比如在昵称的前面加上字母A，后面加上电话。这种昵称形式还是挺常见的，其目的无非是想占据用户通讯录的前列，让用户可以经常看到。对于这种小伎俩，用户其实并不买账，反而会觉得营销意味太重、心机过深，既不讨巧，也不讨好。

还有一种昵称是设置成真名加上头衔，这种昵称设置的目的无非是想推广自己、证明自己，打造个人品牌。但是，对于老年用户来说，这种头衔不接地气。老年人需要的是能帮其解决具体问题的人，而不是高大上的理论家和管理者。因此，建议大家不要使用。

第二类误区：记忆难度太大。

昵称中带符号、图标，或者带英文、火星文，又或者带生僻字、难拼写的字（见图2-4）。这类昵称会让用户无法认知，更无法记忆，尤其是和老年群体存在明显代沟，从而加大了距离感，不易建立起信任关系。

图2-4 难以记忆的微信个人号昵称

第三类误区：非主流形式。

这类昵称让人看上去感觉莫名其妙，奇奇怪怪，不知所云，更不知要体现什么。这类昵称同样会让老年用户感觉不舒服、另类、不健康（见图2-5），从第一印象起就会产生隔阂。

图2-5 非主流形式的微信个人号昵称

那么，康养项目私域微信号的昵称应该怎么设置呢？我们要充分考虑到康养行业面对的大部分用户来自中老年群体，因此要研究他们的心理和价值观，设置的昵称应该与之相符合。

（1）本名。用自己的名字作昵称的人，底气十足。那些敢于亮出真名的人，多半是将生活和工作融为一体的人，他们敢闯敢拼，事业心极强，能够坦然面对失败，也能淡然应对成功，可谓胜不骄败不馁，始终努力前行。在任何情况下都不隐瞒自己的真实姓名的人，会让人感觉其为人处世光明磊落。作为互联网产物的微信，也营造了一个虚拟的世界。有不少人，一言不合就玩消失，为的就是撇清关系和责任。相比之下，那些敢于用真名当作昵称的人，一定会给康养用户带来一种踏实可靠的感觉。

（2）朗朗上口、容易记忆的名字。不一定是本名，但一定要让老年用户好记忆。就像很多明星、艺人和演员，都不用本名，但他们使用的名字很容易让人记住。我们可以设置一些叠音词，比如圆圆、芳芳、洋洋等，这些叠音词会让老年用户感觉你就像他们的孙子、孙女一样可亲、可爱。我们也可以设置一些拟物名，比如秋月、青山、妙雪等，这些词既可以让人产生联想，也容易记忆。我们还可以设置一些更为简单的常见词，如小北、阿福、大壮等，这些名字尽管没有鲜明的特色，但却朴实、接地气，容易和老年用户拉近距离。

（3）在昵称中添加康养项目名称或品牌名称。比如，可以叫作"嘉和康养+远方""田园康养社区+婷婷""泰康之家+小爱""国寿嘉园+小国"等。这样的组合可以让老年用户在记住你的同时，记住你的康养项目的名称，更加强化了品牌识别度，把你和康养项目紧密地联系在一起。

（4）在昵称中添加服务岗位。比如，可以叫作"康养管家+苗苗""康养顾问+小石""服务大使+秋月"等。明确的服务岗位可以让老年用户更清晰地认知你的身份，让用户在日常互动、咨询以及沟通中也会更顺畅，会非常清楚什么样的问题应该找你解决。

最后，在设置昵称时，有两点要引起我们的注意。一是昵称不要太长。有的员工将昵称设置成"康养项目名+品牌名+服务岗位+名字"，这样的昵称就太长了，也没有必要，重点还是要让老年用户容易记忆。二是昵称要和个人形象及微信头像相匹配，做到性别匹配、年龄匹配、身份匹配，这样才不会让人产生误解，从而减少沟通成本。

突出价值观的个性签名

在微信个人号的个人信息设置页面，点击更多信息按钮可以设置个性签名。个性签名不像头像和昵称那样，会给用户带来直接的感受，但是当用户刷到你的朋友圈时，个性签名会在第一时间显示出来。个性签名是个人信息的增量，是用户了解你的桥梁。以下是非常好的一个范例，如图2-6所示。

图2-6 私域第一印象个性签名的优秀范例

腾讯平台对于微信个性签名的限制是：最多可以设置30个字。一个字符相当于一个汉字，两个英文字母或数字相当于一个汉字，所以个性签名设置的内容不能太多，要言简意赅。在生活中，我们一般会选择用一句话或一句诗词来表明自己的生活态度、处事原则或者信奉的精神。在私域运营时，为了更好地让用户和其家属了解你，通常可以这样设置个性签名。

（1）可以设置为康养企业的企业精神。例如：为长辈创造健康、快乐、安心、有尊严的生活（椿萱茂）。这种经过提炼的企业文化，对老年用户来说很好接受，感觉上也会比较亲切，有认同感。

（2）可以设置为"康养项目名＋岗位＋电话"的模式。例如：泰康蜀园康养顾问139……在昵称处不适合添加的电话号码，在这里却是可以体现的。

当老年用户或其家属看到你的朋友圈的内容,有沟通诉求时,可以精准获取你的除了微信以外的其他联系方式。

(3)可以设置为康养项目的品牌宣传语。例如:银城康养——照顾你爱的人。一般来说,品牌宣传语都是经过设计、定位精准、能打动人的话语,所以,放在这里也比较合适。

(4)可以写成"来某某某康养,找某某完美解决您的问题"。例如:来鸿泰乐璟会康养,找阿福解决您的一切疑问。这么写既让用户感觉可靠、安心,又拉近了彼此间的距离,有利于建立信任感。

(5)可以添加员工自己的服务理念。例如:爱老敬老—始终如一、爱心奉献—真心服务、对每一位用户负责等。这些话会让用户感到贴心和温暖。

以上五种个性签名模板,都比较适合用于康养行业的私域微信门面。比如:图2-6中的签名就非常精炼:北京金手杖,养老好地方。话语既简洁朴实,又能传递康养项目的品牌宣传语。

个性签名就是要突出价值观,可以让用户产生内心认同感。对于新引流的用户来说,康养企业的员工要努力拉近与之的社交距离,降低陌生感。

在个性签名之外,我们也要关注一下微信电话铃声。最近微信的新版本增加了用户彩铃的功能,我们可以自行选择一段音乐或歌曲,并且设置成"呼叫我时朋友也可听见我的来电铃声"。这样一来,当用户拨打你的微信语音通话时,会听到同样的音乐或歌曲。这其实相当于另外一种个性签名,只不过它是通过听觉的形式表现了出来。因此,在选择要设置的音乐和歌曲时,也要考虑到用户的心理预期,尽量选择有年代感、节奏舒缓、正能量的音乐,不要选择设置如二次元、另类搞笑、金属摇滚等类型的音乐。当然,微信目前还不支持自行录制语音的功能,其实,自己说一段话作为来电铃声,也是非常好的一种选择。

最佳广告位的背景

私域微信个人号的朋友圈背景非常重要。不仅是因为背景占据了点开的朋友圈页面的大片面积，其视觉冲击力强。还因为背景页面非常直观，给用户带来的感受比语言文字更直接、更真实。

微信个人号的朋友圈背景是私域的最佳广告位，也是康养项目私域带给用户第一印象的重要环节。尽管它是广告位，但是我们也不能生硬地做广告，因为没有哪个用户喜欢被强制营销。目前，微信朋友圈背景支持静图和动图两种形式，下面分别来介绍。

一、静图背景

在用图片作背景的情况下，适合康养项目私域运营的背景设置主要有以下四种方式。

1. 长辈生活

可以选择用一些康养企业内集体活动的照片，如晚会、表演、聚餐等，这种类型的照片能传递给用户积极乐观、健康向上的人生态度；同时，可以宣传康养企业各个项目丰富多彩的活动形式。用这类图片作为背景时一定要精心选择，要保证其中没有不适宜出现的因素。

2. 康养企业靓照

可以放置康养项目的图片，如能够体现康养项目的优秀设计、美好空间、精细布局、活动场所、园林绿地、建筑格局等。让用户感觉该康养项目是宜居、舒适的，像自己的另一个家。

如在图2-6中，背景就设置为北京某康养企业建筑图片，让用户对该康养企业的外观有了一个直观的感受。

3.团队合影

可以选择放置康养项目的大团队或小班组的团队合影。通过合影照片，可以让用户和其家属直观地感受到运营服务团队的风采和不同岗位员工的精神面貌，同时，通过照片，能够使用户和其家属感受到康养项目成员们阳光、积极的工作热情和专业认真的工作态度。

4.价值信息

可以选择放置康养项目的一些信息图片，比如，可以展现近期康养项目的动态、促销信息、活动预告，或者是到访康养企业具体的乘车路线、参观的流程安排等。一定要注意及时更新这些信息，让用户感受到该康养企业运转有序，并且康养项目的内容丰富多彩。

二、动图背景

最近，微信平台增加了朋友圈动态背景的功能。微信用户可以在自己朋友圈的更换背景处选择视频素材，或自己拍摄一段视频上传。这对于微信朋友圈背景的设置，又提出了新要求，下面总结一下需要注意的事项。

1.视频长度

微信朋友圈动态背景规定动图的最长时间为30秒。当我们设置好动态背景封面时，只要是在浏览查看状态下，动图就会自动循环播放。因此，我们没有必要将动图设置太长的时间，毕竟设置背景的目的不是视频传播，而是直观感受，只不过动图会让用户感觉更生动，更有趣味。建议将动图的时长设置为5~6秒即可。

2.拍摄要求

最好是采用手机竖屏拍摄的方式，这样有利于将视频画面内容显示得更加完整。若视频的首尾场景变动较大，循环连接时就会显得比较突兀。所以，在拍摄视频时，最好事先固定好机位，或者寻找场景单一的素材进行拍摄，也可以通过剪辑来规避这种影响。

3. 素材选择

因为动图可以附带声音效果，所以在选择设置康养项目的动图背景时，我们可以利用一些有氛围的活动场景，比如，员工拜年送祝福，用户集体合影的笑脸、康养项目广告前的旗帜飘扬、康养项目获奖时的场景等。大家也可以结合静图的设置方式去自由发挥，灵活运用。

小结与演练

本章介绍了如何建立康养项目私域的第一印象。其中最重要的是建立起富有真实感、信任感、易于交流的场景。让用户和其家属在直观层面上产生良好的心理感受，增加康养企业员工的亲和力，减少与用户的沟通障碍，易于彼此建立起信任关系。

演练建议：

1. 自我检查一下，你所在的康养企业平时和用户联系的微信号是如何设置的。

2. 按照步骤建立起你的私域第一印象。

3. 通过微信，看看自己的同事或小伙伴的私域微信个人号的设置是否符合要求。

举一反三：

你的公域门面打造得怎么样呢？

第三章
康养用户引流场景

所谓引流，就是将公域流量导入私域。直白地说，就是康养企业在公域流量平台进行宣传推广时，或是在线下环境和目标用户进行接触时，引导用户添加微信个人号或企业微信个人号，将用户留存在康养企业的私域运营平台上，便于后续和用户进行高频互动，增强黏性，促进传播。

对于康养项目来说，在实际工作中一般有三种引流场景，分别是公域平台获客场景、用户电话咨询场景、用户来访参观场景。本章将具体讲述在这三个场景下，康养企业该如何进行引流操作。

引流场景之公域获客

一、公域获客引流方式

康养项目和用户首次产生接触的场景，往往是在公域流量平台或者是在公域流量的承载平台上。关于公域流量平台，本书在第一章中已经有过介绍，共有八个种类，如果康养项目在其中任何一类平台上进行宣传推广，用户都有可能会浏览到康养企业所发出的宣传推广信息，并出于兴趣和需要而关注康养企业公众号或添加企业微信号，进而获取更多关于康养项目的信息。公域流量承载平台一般是指康养项目为自己搭建的网站、网页、微信公众号、微信小程序等。这里需要注意的是，承载平台并不是康养企业的私域流量池，它充其量只能算作康养企业自己搭建的小公域平台，在这个平台上，康养企业无法与用户产生点对点的直接沟通和重复触达，因而无法建立有效联系。

因此，在首次接触的场景下，康养企业引流的目的非常明确，就是让用户在浏览公域流量平台或承载平台时，能主动去添加微信个人号或企业微信个人号。

目前，绝大多数康养企业在公域引流阶段都存在着误区，这些误区可以被称为双重承载或无效承载。简单来说，就是康养企业在八类公域流量平台上进行宣传推广时，一般都会嵌入企业二维码和链接，引导用户关注康养项目的官方微信公众号或者官方网站，以求通过自己的承载平台引流获客。但是，当有康养需求的用户转到康养项目的承载平台继续浏览时，会发现大部分康养企业的官方网站和企业公众号上只有官微（微博、微信）的二维码和抖音账号等，仅多了热线咨询的电话号码。此时对于有康养需求的用户来说，他们还需要再次拨打热线电话，有的康养企业自身的规模不大，那么通过电话交流后，该用户也许能与某位员工建立联系，但是有的康养项目是呼叫中心（Call-Center）的形式，那么该用户还需要再次被转载，才能真正触达康养项目的某一个具体员工。这个过程，就叫作双重承载或无效承载。

针对这种情况，我们来看看小鹅通学习平台的做法是怎样的。

小鹅通是当下比较有名的一家公司，其业务范围主要是为企业搭建知识店铺和学习平台，它的产品中有很多内容创作以及裂变的玩法，都很值得学习，这些内容在本书后面的章节中会有涉及。现在我们先来看看它的官方网站是如何引流的，如图3-1所示。

图3-1　小鹅通官网截图

图3-1的形式，也许无法说明全部问题，但是，你也可以直接登录其官网直观地感受一下。其中，有以下三点值得借鉴。

（1）在官网的网页右侧，有随屏幕滚动的客服微信，用户在浏览网页的过程中，可以随时扫码添加客服人员的微信。

（2）当用户浏览到网页底部时，会呈现加大版的底部通栏，其内容还是引导用户添加客服人员的微信。

（3）整个网页都没有显示热线电话，取而代之的是"免费试用"按钮，点击后可直接注册试用版。当然，这样设置与小鹅通的产品类型有关。

当扫码添加客服微信后，出现的是一个非常专业的企业微信个人号，如图3-2所示。

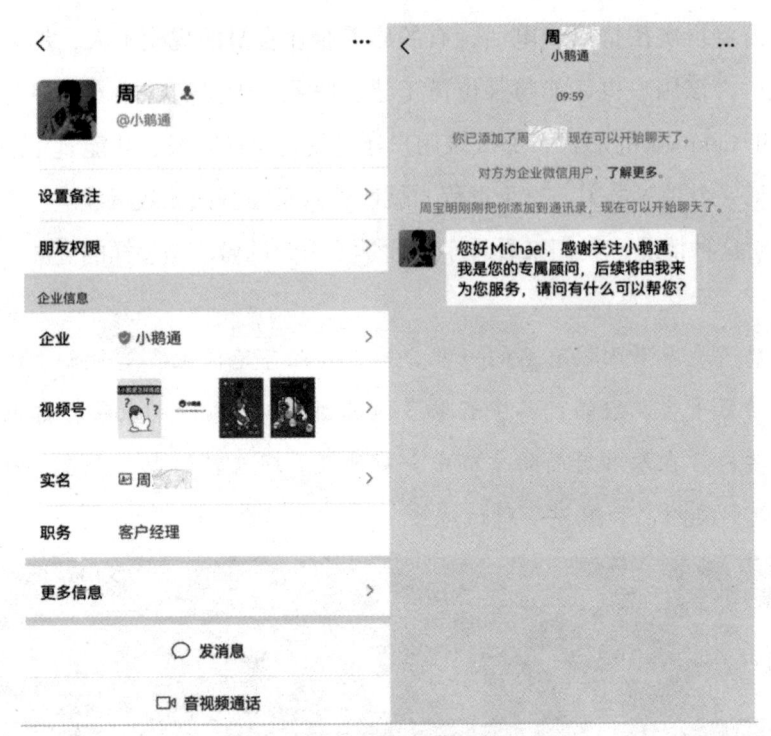

图3-2 小鹅通客服微信截图

以小鹅通学习平台为参照，在康养项目公域引流过程中，康养企业要特别关注以下两件事。

一是让用户在第一时间添加康养项目的私域微信个人号，以减少不必要的中间承载环节。要知道，康养企业自有的网站、微信公众号、微博、抖音等社交账号对于康养项目来说，都属于品宣和引流工具，并不能像做实物产品的电商平台那样，可以直接产生支付变现。既然如此，就要让用户在关注康养企业的第一时间，能够直接和康养企业的员工建立起有效联系。如果能够直接引导用户在八大类公域流量平台上添加康养项目的私域微信号，那最好了，退而求其次，也要在康养企业的公域承载平台完成导流。要尽量把康养企业的服务触角伸到线上的最前沿，这样也会给用户带来更加便捷的体验。

二是让用户直接添加康养企业的私域微信号一定是最优选择，因此，要把热线电话咨询的方式放在第二位。要知道，电话咨询既需要人工成本，也需要对接听电话的员工进行特定话术的培训和演练。如果用户通过电话咨询已经取得了自己想要的信息,那么他就不会再有添加企业私域微信号的强烈意愿了。从这个角度来说,不建议康养企业使用在线客服或其他文字咨询的方式,因为这些都是需要做再次承载和引流动作的,其结果往往是事倍功半。

二、公域获客引流技巧

吸引和激励用户主动添加康养项目的私域微信号的目的,主要在于摸清用户的心理活动,这需要掌握一定的引流技巧。康养企业可以通过以下两类技巧来进行引流。

1. 抛出优惠"诱饵"

比如,我们可以设置一些免费或者是力度较大的优惠权益,以吸引用户进行扫码关注。

> 通过扫码添加康养顾问微信,您将获得:
> (1)免费定制老年营养体验餐一份;
> (2)免费车辆接送参观;
> (3)两天一晚的高端CCRC(持续照料退休社区)体验之旅;
> (4)社区内的消费代金券100元;
> (5)社区内的身体全面健康管理检测及专家解读;
> ……

类似的优惠权益可以结合康养项目的实际情况来进行设计,这类技巧更适用于偏活力型的老年群体。通过上面所列举的这些优惠权益,康养企业的主要目的是吸引用户来参观访问康养项目。通过使用这类技巧,康养企业可以实现三个目标:一是吸引用户添加康养企业的私域微信号;二是筛选出对康养项目真正感兴趣的用户;三是提前锁定来访参观的用户的需求。当有用户在这个场景下添加了康养企业的私域微信号时,我们就可以有针对性地做私域运营计划，如设计活动、用户裂变拉新等。

2.专属服务方案

偏活力型的老年群体更注重体验和社区氛围，而对于刚需护理型的老年群体，康养企业若采取第一类技巧，效果不会太好，那么，专属服务方案会更适合他们，比如：

扫码添加康养顾问微信，您将获得：

（1）免费身体健康状况评估及专属服务方案；

（2）康养项目的最新优惠与价格；

（3）社区最新周菜单和月活动表；

（4）照护专家一对一咨询；

（5）每周开放日的院长免费咨询名额；

（6）特殊用户（认知障碍、卧床、术后）的照护计划；

……

刚需护理型的用户和其家属往往对康养项目的服务本身更在意，尤其是对康养项目的医护能力、照护技术、饮食健康等方面更看重，对服务的价格也更敏感。第二类技巧更容易激发这类用户的兴趣，容易吸引关注。

此外，如果用户没有直接扫码，而是通过打热线电话咨询客服人员，这类用户一般是想先简单了解一下该项目，在内心里做个比较，如果符合心中的定位，才会再考虑是否前去参观。在这种情况下，康养企业的员工应用以上两类技巧，同样可以通过话术来引导用户添加私域微信号。

三、搭建公域获客矩阵

前面讲到了如果康养企业能直接在公域流量平台引导用户添加私域微信号，是最优选择。那么，康养企业该如何把引流方式嵌入公域平台上呢？这就需要搭建康养项目的公域获客矩阵了。

1.完善公域承载平台

当康养企业利用搜索引擎进行推广时，用户会通过使用搜索引擎而关注到康养项目，从而将流量导入康养企业的承载平台。一般情况下，大家都会使用官方网站、微信公众号、微博、微信小程序、抖音这些社交工具。其实，如果单纯地从引流来说，康养企业把自己的官方网站和企业微信公众号做好，就完全可以了，如果还有多余的人力和精力，可以再去研究和实践其他工具。

企业官网如何嵌入引流方式？第一步，在企业官网的显著位置嵌入企业的私域微信号，取代其他二维码。第二步，把热线电话放在次要位置。可能有人会提出疑问，认为官网的功能不仅是为了私域引流，还有品牌展示和宣传的作用。这个观点当然正确，那么，我们可以做一下权衡，把品宣的链接和二维码放在不太起眼的位置，使其不要和私域微信号冲突。

另外，不建议使用单个网页的承载形式，因为这样做的结果是，不仅网络安全性差，而且这样展现出来的康养项目的专业度不高、功能单一、难以和用户建立良好的信任关系。

对于微信公众号的搭建，建议使用微信服务号，而尽量不用微信订阅号。很多人都有这样的体会，尽管订阅号可以每天发布一次，但是其缺点是消息会被折叠。现在几乎每个微信用户都会关注很多订阅号，结果订阅号就会被折叠得非常厉害，只有当用户特意打开、刷到想看的订阅号时，才有可能去阅读里面的内容。而微信服务号是可以显示在微信列表里的，尽管每周一次的用户触达频率低了些，但是，服务号会提供一些通知模板，可以频繁使用，并且，服务号最大的优点是允许康养项目自己去搭建功能模块，建立和用户互动的场景。

要想在微信公众号里嵌入引流方式，可以在底部单独设置微信客服频道栏或子频道栏，将其显示为联系客服或专业咨询的字样，当用户点击链接按钮时，可以直接进入企业微信个人号，或者显示出微信个人号的二维码。康养项目也可以在每一篇产出的文章或发布的视频内容的底部嵌入私域微信号，以吸引用户关注，如图3-3所示。

图3-3　通过微信公众号文章底部的链接引流至私域

2. 信息流软文导客

公域平台搜索引擎的产品逻辑是信息主动搜索和平台推荐，这种产品逻辑对于有迫切康养需求的用户来说比较有效，因为用户会有主动搜索的行为。此外，线上用户获取信息的另一种重要方式是知识类信息的分享和互助。百度知道、百度问答、百度贴吧、知乎、小红书、美篇等都属于这样的工具平台。

康养企业在这类公域平台上进行引流时，就要充分尊重线上的场景，给用户提供更多的知识信息和价值分享，从而引发关注，进而让用户信服该企业的专业性，并通过该企业去解决自身的康养需求。这就需要康养企业花时间去做一些具有高价值的内容或软文，在给用户输出其想获得的信息时，潜移默化地影响他们并引发关注，实现引流。

例如在知乎上，类似这样的问答就容易引起用户的兴趣和关注，如图3-4所示。

图3-4　通过知识分享平台的软文引流至私域

在知乎上，不论是在真实用户的问题下作答，还是实际上在自问自答，起码看上去，形式上都一样。当其他用户关注到"现在的养老院到底怎么样"这个问题时，自然会去浏览下面的内容，这样就有了向私域引流的机会。

对于用户来说，其他消费者的亲身体验和评价会给自己带来印象深刻的影响。我们再来看另一个例子，如图3-5所示。

图3-5 旅游规划师通过软文引流至私域

在马蜂窝的旅游问答上，面对用户的提问，这名导游做了一次很好的信息流软文导客。首先，这名导游给自己起了个很好听的名字，叫作"专业深度定制游线路规划师"，这就让用户把她和导游做了概念上的区别。其次，这名导游模拟消费者的语气，把去四川旅游的规划和体验描述了出来，而且，还特意表扬了这名规划师，表扬的内容其实都是用户关注的痛点，比如服务贴心、吃住满意、没有强制购物等。并且，这名导游通过消费者的语气，把自己的化名和微信个人号公布了出来，用户可在第一时间添加微信。最后，这名导游还配上了美景和美女图片，进一步吸引用户添加私域微信号。尽管旅游业内人员还是能识破这种软营销方式，但是，很多用户是不谙其道的。

在做信息流或软文导客时，切记要配合引流场景使用，不要通过硬广的信息去吸引消费者，如图3-6所示。因为生硬的项目介绍容易让用户在第一时间就能知道这是一则康养项目的广告，会产生厌烦心理。

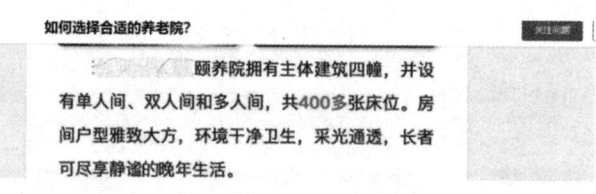

图3-6　硬广方式引流适得其反

此外，在康养企业的公域平台上分享的信息和价值要和用户需求相匹配，也要和企业的目标群体的需求相一致，像图3-7中的做法不仅对引流没有帮助，反而会适得其反。

图3-7　和目标客户需求不匹配的引流方式

3. 短视频传播引流

以抖音和快手为主的短视频平台，其产品逻辑主要是内容创作与分发，它们改变了用户长期以来的主动搜索信息的模式，其根据用户的喜好和浏览习惯，主动推荐海量信息。微信生态圈也适时地提供了微信视频号工具，可以被企业或个人用来进行视频传播。这些公域流量平台逐渐成为康养项目获客的重要阵地之一。

对于短视频的作用，在本书后面的章节中会介绍，在此着重说的是，在搭建公域获客矩阵时，短视频引流也是其中的一环，要把引流方式嵌入其中。下面以抖音为例来说明一下，如图3-8所示。

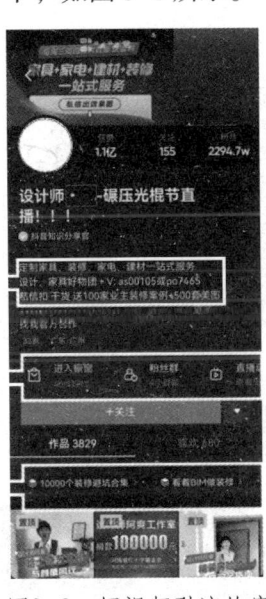

图3-8 短视频引流的案例对比

"设计师阿爽"是抖音的知名账号，从图中我们可以看出，该账号实现了三重功能：第一重功能是通过签名档的设置，把用户向微信个人号引流，完成导客到私域的作用。第二重功能是搭建商品和橱窗窗口，在进行视频传播和直播时实现变现。第三重功能是搭建知识店铺，实现内容创作和知识分享，成为行业 KOL（Key Opinion Leader，意见领袖）。

相比之下，大多数康养企业的做法都类似以上案例中的抖音账号，在短视频平台上搭建的功能单一化，仅作为品牌宣传阵地使用，降低了引流私域的效率和效果。其实，以上案例中抖音账号实现的三重功能，对标康养项目也有同样的场景需求和搭建能力，康养企业可以在第一重功能中添加康养项目私域微信号，加上简单介绍，直接进行引流；在第二重功能中，可以添加一些康养项目的短期体验产品或有合作资源的适老商品；在第三重功能中，可以打造康养项目自己的知识店铺（本书后面会介绍相关内容），做行业的引领者。

4.尝试新型服务平台

公域流量平台在不断地更新迭代，产品逻辑也在不断更新，新平台的玩法越来越多。因为康养项目的服务内容更贴近生活服务场景，所以，对于新出现的生活服务类平台上的康养企业要多多关注，要勇敢尝试，要把它们放入康养项目的公域获客矩阵中，这样会给康养项目带来更多的机会和用户关注度。

前两年，大众点评（美团）App在生活服务类目中增加了康养服务小类目，其把本地的康养项目都进行了收纳，目前已经有不少康养项目正在使用这个公域平台，而且据反馈效果不错，值得康养企业借鉴，如图3-9所示。

图3-9　大众点评App中的部分养老项目展示案例

另外，还有和阿里健康合作的金牌护士，整合了护理、康复、理疗等资源，对于康养项目，特别是有上门居家业务的康养项目来说会有帮助。再比如京东健康，在京东 App 中的医疗保健里，已经出现了诸如阿尔茨海默病筛查、康复理疗等商品，它们都成了很好的引流和变现途径，如图 3-10 所示。

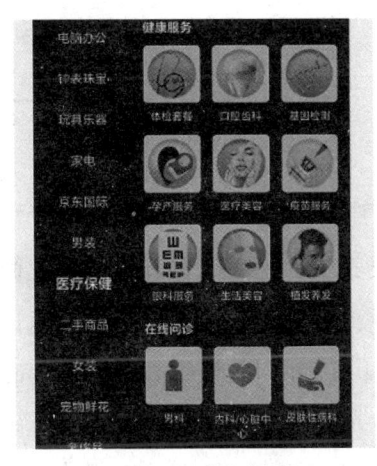

金牌护士　　　　　　　　京东医疗保健

图3-10　阿里和京东的康养产品引流线上场景

只要快人一步，就会抢占先机。如果把这些新出现的平台、玩法纳入康养企业的视野，那么康养项目的公域获客矩阵就会越做越宽，也会越做越精。

小结与演练

本节介绍了康养企业如何在公域平台进行引流获客。其中最重要的是，要做好康养项目的公域布局，要研究用户心理，以提供相应的服务和价值，并通过一定的引流技巧，争取在第一时间让用户添加康养企业的私域微信号。

演练建议：

1.回顾本节内容，你有哪些启发和收获？

2.你的康养项目公域获客有哪些不足？如何改进？

引流场景之电话咨询

对于康养企业来说，第二种引流场景就是用户在进行电话咨询时，引导其添加康养项目的微信个人号或企业微信个人号。当用户来电时，对于康养项目来说，最主要的接听目的就是邀请用户来访参观。而在这个过程中，康养企业可以结合不同的场景，使用不同的话术、技巧来把用户引流至私域。

结合实际情况，可以把康养项目用户来电划分成五种类型，分别是单纯询价型、服务咨询型、有意来访型、无法决定型和确定来访型。下面我们具体分析在这五种类型的来电场景下，如何判别用户的真实需求并将其成功引流至私域。

一、单纯询价型

用户：一般会声称在公域平台上看到了康养项目或是从朋友那里听说过，然后打电话来，是想具体了解一下该项目的价格。

判断：用户应该已经对该康养项目有了一些了解，比如具体位置和品牌信息，而且他们很有可能已经浏览过该康养项目的官方网站和企业微信公众号了。用户打电话来的目的就是想比较一下该康养项目的价位和其心理预期是否一致。而对于接听的员工来说，一开始无法判定报出的价格能否和用户的心理价位接近。此时报价明显是不合适的，因为当用户听完后可能马上就会挂断电话，更无法邀约和引流了；如果此时不报价也不合适，直接约访用户其未必会来。那么，针对这种情况，我们可以采取下面的话术。

接听员工的话术：我们项目的价格体系比较复杂，根据房型和会员/护理级别的不同，收取的费用也不同。此外，我们还会定期举办优惠活动，目前就有几种不同形式的优惠，但优惠额度的计算也比较烦琐。您看要不这样，您提供一个微信号，我安排专门负责优惠活动的同事加您好友，然后他把价格表和优惠政策给您发过去，您可以先评估一下，如果您觉得比较适合您，再和我们预约来参观的具体时间。

用这样的话术，用户一般不会拒绝。这既满足了用户的需求，又达到了康养项目的引流目的，同时也表明了给用户考虑的时间和选择的自由，用户的心理感受也会比较舒服。

二、服务咨询型

用户：未涉及价格或未对价格流露出太多关注，大部分时间是在咨询具体服务的种类、流程、内容和细节。

判断：用户可能已经大致了解了目标康养项目的价位，和其心理预期相差不大，而且，价格应该不是决定因素。用户更看重的是服务质量和服务内容，对于康养项目来说，提供用户要求的服务可能会有难度。在这种情况下，接听的员工不一定能把康养项目的服务内容介绍得非常到位，那么，我们可以采用下面的话术。

接听员工的话术：您刚才提到的疑虑和问题我都认真记录下来了，据我初步判断，我们提供这样的服务是没有问题的，但是，为了让您放心，我还是想请我们项目的服务总监/护理主任/院长给您亲自解答一下。我们的康养项目定期都会有院长开放日/专家在线答疑日，比如，本周四就是院长开放日，您看可否提供一个微信号，我来安排专门负责预约的同事与您沟通需求和您想了解的问题，并帮您在当天预约时间，到时候您愿意线上微信交流或者线下来康养院进行面对面交流，都可以，您看行吗？

在这种话术下，用户首先会感觉到自己的需求被重视了，因为可以直接和专家或院长进行沟通，用户不仅不会觉得接听员工不专业，反而会感受到接听员工的用心和诚恳。其次，用户会感到康养项目的服务管理有序、分工明确、流程清晰，自然会愿意配合。

三、有意来访型

用户：在电话交流中，对康养项目的价格和服务中的一些小问题，员工都给予了解答，用户感觉良好。但是，当员工进一步试图邀其前来参观时，用户并没有给出明确的时间，只是声称等有时间的时候会前来参观。

判断：该用户应该已经咨询过不少个康养项目了，而且用户可能已经把我们的康养项目列入可选择的清单中了，但可能他没有那么着急入住。也有可能经过比较之后，他感觉我们并不是他的最优选择。在这种情况下，很有可能在员工挂断电话后，用户就会流失了。我们可以尝试下面的话术。

接听员工的话术：是这样的，我们在这个月正好推出了一项体验活动，这项活动是第一次做，价格超值，是专门针对像您这样的意向客户设计的。我们有8小时、24小时和48小时体验套餐，通过刚才的交流，我感觉24小时的套餐比较适合您，您可以邀请一名同伴一起来，早预约的话还有机会全部免费。如果您在体验后感觉好，有入住计划的话，活动当日我们还有入住优惠礼包赠送给您。您不入住也没关系，也是在帮我们做宣传。您要是方便的话，可以提供一个微信号，我安排活动专员加您好友，把活动细节发给您，并和您预约好体验时间，您看可以吗？

这样的话术有三个目的。一是通过推出体验活动留存用户，避免用户挂掉电话后流失，给用户一个再次选择、比较的机会；二是通过体验活动邀请，让不急迫的用户可以尽快来访参观，达到邀约的目的；三是引流私域获客，方便后续跟踪营销。

四、无法决定型

用户：在电话交流过程中的整体感觉良好，但是，当员工进一步试图邀请其前来参观时，用户诉说自己暂时无法决定，要和家人协商后，再决定是否前来。

判断：这种类型和上面的第三种类型都属于比较难判断的类型，有可能用户的确无法自己做主，毕竟入住康养项目对一个家庭来说，是一个重要的决定；也有可能是感觉此康养项目和自己的预期不一致，是一种推脱的说辞。要想找出背后的真实原因，需要接听员工用不同的策略进行试探。

接听员工的话术：近期我们这里会有开放日的体验活动，如果您愿意的话可以告诉我一个微信号，我安排活动专员加您好友，他会及时告诉您体验活动的相关优惠信息，您看方便吗？

这样的话术其实是一种试探，如果用户同意告诉微信号了，表明用户的康养需求是明确的，他的确有可能需要和家人或朋友协商；如果此时没有同意，那就可以重复一下第三种类型的话术，用大幅度的优惠作为诱饵，做进一步的试探。如果此时用户同意告诉微信号了，表明用户有需求，但未必强烈，也有可能是用户对价格敏感，前来参加免费的体验活动还是愿意的，只不过决定成交入住的难度较大；如果此时用户仍然拒绝，那么用户流失的可能性就比较大了。

但是没关系，在电话咨询阶段，康养项目的目的是邀请用户来访和私域引流，实现了这两点之一就代表成功了，不要把接听电话阶段的目的设为成交，传播才是更重要的目的。

五、确定来访型

用户：很感兴趣，明确表示想来参观，并且已经开始安排时间计划。

判断：用户需求明确，参与感很强，但仅通过电话尚不能判定其是否急迫。此时，我们可以用以下话术尝试是否可以裂变拉新和提前锁定。

接听员工的话术：您方便告诉我一个微信号吗？我可以加您好友后发送项目具体位置和交通路线给您。另外，如果您和家人或者朋友一起来参观，两人以上、五人以下，我可以尝试帮您向领导申请提供免费的营养午餐，这样您也可以进行更为深度的体验。另外，如果您参观后有入住打算，无论是长期还是短期，都可以随时用微信联系我，我们每人手中都有几个优惠入住礼包的名额可以赠送，到时候我们可以提前帮您向领导申请入住优惠礼包。

在进行私域引流的同时，这样的话术进一步增进了康养项目员工和用户的关系，并且该康养项目已经开始在进行私域运营了。

以上五种电话咨询类型是比较常见的，当然，具体到每一位用户的来电内容，会千差万别。这里模拟的五种场景引流操作，是为了让大家熟知：引流前要先与用户沟通，认真听取并记录用户需求；接下来，用心分析用户的真实意图和电话背后的秘密；然后，设计好话术，邀请用户来访的同时向私域导客。只要多演练、多总结，就一定会有更好的收获。

小结与演练

本节介绍了康养项目如何在用户进行电话咨询时进行引流私域。在这个环节需要牢牢记住的是，接听的首要任务是邀请用户来访，为了引流到私域而设计的小技巧，也都是围绕着邀约来布局的。

演练建议：

1. 请围绕五种来电场景，梳理和优化你的接听话术。
2. 尝试利用接听用户来电的情景，进行模拟演练。

举一反三：

如果不是接听，而是去电，你会怎么做呢？

引流场景之来访参观

如果你在前两种引流场景中都未能成功地将用户导流至私域，那么，第三种引流场景就是当用户来访参观康养项目时，引导其添加微信个人号或企业微信个人号。

在公域获客场景中，康养企业的目的有两个：一是品宣传播；二是引流私域。在电话咨询的场景中，康养项目的目的也有两个：一是邀约来访；二是引流私域。那么，在来访参观的场景中，把没有引流到私域的用户成功导流，当然是康养项目的目的之一。此外，康养项目要把满足用户需求作为第二个目的，而不要直接把目的设为入住成交。

事实上，在康养用户最终决定入住一家康养项目之前，一般会亲自走访不少于四个同类型的项目，用户在决定入住之前，会来访3~4次，而每次来访的需求都不一样。我们可以把用户来访分成三个阶段，分别是了解阶段、熟知阶段和决定阶段。在了解阶段，大部分用户是初次到访，用户会对康养项目有一个基本的印象，对硬件和软件设施有一个大致的认知，对环境氛围有一定程度的感知。在熟知阶段，用户基本上是复访该项目，其会对康养项目的服务内容、服务团队以及衣食住行等方面都进行深入了解，并会更多地去感受康养项目的运营管理水平。在决定阶段，用户会比较一下居住环境，谈判价格，询问合同的细节，甚至会要求和康养项目的管理层见面，进行交流。

康养企业要掌握用户来访时他们是处于哪个阶段、有哪些需求，并且要尽量满足用户在此阶段的需求。下面结合用户来访的不同阶段，设置一些小目标，如图3-11所示。

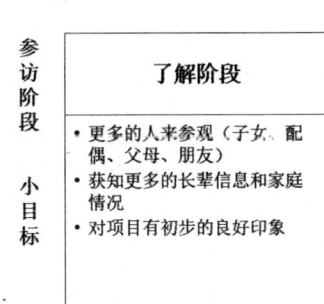

参访阶段	了解阶段	熟知阶段	决定阶段
小目标	• 更多的人来参观（子女、配偶、父母、朋友） • 获知更多的长辈信息和家庭情况 • 对项目有初步的良好印象	• 体验单项或整体服务内容 • 运营人员与用户见面，建立信心，答疑解惑 • 在用户心中建立项目的特点和优势 • 和用户及其家属交朋友	• 让用户确定心仪的入住空间 • 预评估和价格优惠计算 • 邀请用户参与限时优惠发布活动 • 定金锁定

图3-11 用户参访不同阶段的小目标设定

一、了解阶段

在用户处于来访的了解阶段，小目标可以这样设置。

①吸引更多用户身边的人来参观（子女、配偶、父母、朋友）。

②获知更多的用户信息和其家庭情况。

③让用户或其家属对康养项目建立良好印象。

二、熟知阶段

在用户处于来访的熟知阶段，小目标可以这样设置：
①安排用户体验单项或整体服务内容；
②协调运营人员与用户见面，建立信心，答疑解惑；
③在用户心中建立起康养项目的特点和优势；
④和用户及其属交朋友。

三、决定阶段

在用户处于来访的决定阶段，小目标可以这样设置：
①让用户确定心仪的入住空间；
②预评估用户身体健康状况级别；
③释放价格优惠政策；
④邀请用户参与限时优惠活动；
⑤收取定金，锁定。

如果康养项目对每一个阶段的来访，都能充分满足用户需求，每个小目标都实现了，用户最终的成交入住一定是水到渠成的事。所以，康养项目员工不用在用户来访刚开始的时候就急于去促成交、谈优惠、使用营销手段，那样往往会让用户产生防范心理，效果常常适得其反。

同样，以上的小目标也可以转化成康养项目进行私域引流时的话术，通过小目标去吸引用户添加康养项目的私域微信号。比如，以预约登记、填写信息表、计算优惠价格为目的引导用户添加微信号；或者为了申请名额，以发送康养项目各类图文信息为目的引导用户添加微信号；或者以观看线上直播、知识分享、在线答疑为目的引导用户添加微信号，这些营销方式用户都会轻易接受。既然用户能参观访问康养项目，就说明用户的康养需求明确，在这个阶段向私域引流,应该难度不大。

在用户来访时,除了学会设立小目标外,康养项目员工还要关注那些不同类型的用户和其家属,因为每个用户的需求点是不一样的,所以,对引流技巧的使用也要有所区别。表3-1总结归纳了五种类型的用户和其家属的基本需求点。

(1)对于活力型的用户,他们精力充沛、选择能力强、喜欢自主决策,还处于充分享受退休后丰富多彩生活的阶段。康养项目可以通过社群和开展体验活动,进行私域流量获客及运营。

(2)对于独立型的用户,他们身体活动力受限,开始考虑安全保障,同时不希望降低康养生活质量。康养项目可以邀请他们参与试入住,让他们对康养项目的安全保障、饮食营养、丰富生活有感知和认同。

(3)对于协助型的用户,他们在生活方面需要人照料,因此无论是用户还是其家属,都对康养项目的服务能力非常关注,同时,他们对价格敏感性高。康养项目可以在进行私域引流和运营时,多去展现康养专家资源和服务优势,让更专业的人和他们对话;同时,释放出一些优惠政策,有助于后续转化成交。

(4)对于失智型的用户,他们的康养需求非常明确:有成熟的照护技术和服务方案,配备有爱心、责任感强的团队,让用户的安全有保障。康养项目可以通过邀请用户家属参加认知障碍照护互助活动,预约专家讲解服务方案,并用适当地提供优惠政策等方式来进行私域引流和运营。

(5)对于医护型/临终型的用户,他们的生活半径已经缩小,他们最关注的是医护服务质量,渴望减少畏惧感和痛苦。康养项目可以通过预约一对一咨询的方式进行私域引流和运营,让医护专家现场说法,也可以通过以往案例的分享,让家属和用户对康养项目的服务放心。

表3-1 不同类型用户需求与引流技巧

	活力型长辈	独立型长辈	协助型长辈	失智型长辈	医护型/临终型长辈
平均年龄	75岁之前	75岁~80岁	80岁左右	82岁左右，不定	85岁左右，不定
照护人	自己	自己	配偶或子女	配偶或子女	配偶或子女
为什么要来	①愉快社交，避免孤独；②丰富生活，多彩人生；③解脱家务，放飞自我	①安全保障，紧急救助；②保持社交，避免孤独；③解脱家务劳动，提升生活品质	①出现3项左右的ADLs需要协助；②配偶、子女或保姆照顾存在困难	①严重行为异常（3个以上认知障碍症特征）；②照顾的人无法照顾；③久病拖累，身心俱疲	①术后无法照顾；②医院无法接收；③有康复需求；④需安宁疗护
老人需求点	①自由进出，长短结合；②活动多样，邻里适宜；③安全保障，生活无忧；④空间充足，选择多样	①医疗保障，医保使用；②公共空间，社交活动；③营养均衡，餐食可口；④规律生活，自主决策	①生活协助，延长寿命；②医护水平，照护质量；③居住舒适，尊严品质	①环境友好，减轻陌生和畏惧；②医护质量好；③有亲和度	①医疗有保障；②护护服务好，少痛苦；③有尊严和品质，少痛苦；④快乐；⑤服务有爱心
子女需求点	①安全放心；②生活有趣	①安全保障，紧急救助；②避免孤独，延缓衰老	①服务能力与水平；②医护配比；③营养补充与均衡	①安全保障；②照护质量；③有尊严和品质；④服务有爱心	①医疗有保障；②护理服务好；③有尊严和品质；④快乐；⑤服务有爱心
引流技巧	①定制化体验产品；②线上+线下课堂；③社群影响；④优惠价格通报	①试入住体验；②医护营养讲座；③专家诊疗预约；④优惠价格通报	①院长、医护专家、管理层开放日咨询预约；②专家诊疗预约；③营养定制餐体验；④预评估和价格优惠	①医护专家开放日咨询；②家属互助社群；③预评估和价格优惠	①医疗专家一对一咨询；②服务方案定制；③预评估和价格优惠

54

小结

本节介绍了康养项目员工如何在用户来访参观时设立小目标,准确分析用户需求点并进行引流私域。用户来访参观引流和电话咨询引流都是康养项目进行私域引流的重要场景,它们和康养项目的营销工作密不可分。最后,在这里总结出五大引流原则供参考。

原则一:用户(和其家属)主动添加私域微信号为首要,话术引导放在其次。

原则二:有针对性地把握不同类型的用户和其家属的需求,力求在解决问题的同时令他们添加私域微信号。

原则三:无论在哪个场景下引导用户添加私域微信号,都需要水到渠成,千万不要强制性、重复性地操作。

原则四:将引流话术和营销小目标保持一致,围绕小目标布局。

原则五:私域流量运营的目的不是短期成交,而是长期维护、传播拥护、营造圈层。

引流后的关系建立

当用户已经被成功地引流至康养项目的私域,添加了微信个人号或企业微信个人号时,如何利用微信与用户建立起关系并和用户互动呢?在这里,有四种方法,可以让康养项目快速和用户相互熟悉并建立起日后私域运营的基础。

方法一:打招呼。

切忌语气生硬地打招呼,比如:"您好,我是某康养项目的×××,很高兴认识您"。这样打招呼的方式比较官方,缺少沟通氛围。用户可能会回复你一句"你好",或者干脆就不回复了。

我们可以采用"自我介绍+感谢+询问"的打招呼方式，比如："您好，我是您的服务顾问/活动专员/专属管家×××，如有关于我们康养项目的任何问题和需求，您可以随时联系我，也特别感谢您的关注/致电/来访，还不知道称呼您×××是否合适呢，我要特别认真地备注一下。"这种开放式的打招呼方式，会让用户感到轻松愉快，有助于创造良好的沟通环境。

方法二：给资料。

如果已获知用户需求，我们可以在打招呼的基础上继续和用户进行互动：另外，在您来电/来访过程中，针对您关心/感兴趣的问题，我为您准备了一份相关资料，希望能帮到您。若您有任何疑问，可以随时找我，我看到信息后会在第一时间回复您的。

当然，可能有一些用户尽管添加了私域微信号，但其康养需求并不强烈，对互动的反应也不那么积极。那么，我们可以这样继续：另外，我为您准备了一份完整的康养项目介绍供您参考，如有任何问题您都可以找我。我这边做康养项目也有一段时间了，对市场上的康养项目也比较熟悉，您如果对其他项目或康养市场有要咨询的问题，可以随时联系我，我会尽全力帮您分析的。

以上这样说可以让用户对你产生好感，感觉你是一个认真靠谱的人，用户对你不会产生心理排斥，用户今后无论自己有康养方面的问题，还是其身边的朋友有相关问题，都有可能主动联系你。

方法三：邀评价。

康养项目员工可以通过微信工具自行设计一份在线评价表，使用选择性评价为主、文字性评价为辅的方式。

当用户来电引流后，我们可以通过微信邀请其做出评价：您好，不知道刚才的通话是否解决了您的问题，如果您方便的话可以花一分钟帮我填一下评价表吗？我们会持续改进我们的电话服务质量，当您填好评价表后请联系我，作为感谢，我帮您申请两张免费的营养餐体验券。下次您可以带着家人或朋友一起来体验一下！同样，在用户来访引流后，也可以邀请其做出评价：您好，不知您安全到家了吗？这次您来访的时间仓促，不知道对我们的接待，您是否满意？如果您方便的话，可以花一分钟帮我填一下评价表吗？我们会持续改进我们的接待服务质量。您填好评价表后联系我，作为感谢，我帮您申请折扣/减免项目内消费。下次若您来参加体验活动、试入住、正式入住，都可以使用的。

通过这种邀请评价的方式，还可以不断地改进康养项目员工的接听和接访工作方法，提升工作水平。

方法四：填信息。

我们预先准备一份在线用户信息登记表，可以用在线文档的方式，直接在微信内打开填写或转变成微信文字输入的形式，这样方便用户和其家属进行操作。

如果在之前进行引流的过程中，康养项目员工已经成功地邀请用户来访，那么，我们在打招呼后，可以继续和用户展开互动：另外，针对您的需求，我们会组织服务团队为您定制个性化的服务方案，在您下次来访时，我会安排服务团队的负责人和您沟通，在这个表格中有一些用户的基本信息，麻烦您提供给我，这对我们的服务来说很重要。

或者说：另外，我们近期会有一个（专家问诊/健康管理讲座/营养餐体验/认知障碍筛查等）活动。因为名额有限，如果您感兴趣的话，我可以先帮您预约。预约表中有一些用户基本信息需要填写，麻烦您先提供给我，这样参与这个活动会更有效果。

以这种方式可以充分获知用户信息，对于日后开展私域运营很有帮助。

通过以上四种方法，我们就可以和用户建立起初步的联系了，并带给用户良好的第一印象。

私域流量运营是和用户建立并保持长期信任关系的过程。具体运营的内容，在本书后面的章节中会逐步展开介绍，下面请先记住一个信任公式。

$$信任 = \frac{可信 + 可靠 + 亲密}{自我利益导向}$$

可信，是指说出来的是真话，专业技能值得信服；可靠，是指承诺的事情，一定做得好；亲密，是指能获知对方情绪，善于换位思考；自我利益导向，是指权衡利益关系，规避自己的责任。

和康养用户在私域进行互动沟通的过程中，要遵循以上信任公式，让用户觉得康养项目可信、可靠，从而更加容易建立起亲密关系；多站在用户的角度，帮助他们解决问题，就能让用户感觉康养项目员工的体贴无私。要牢记：对于康养项目这件事，底层逻辑是信任关系。

第四章
用户管理画像描摹

当用户已经被成功地引流至康养项目的私域，添加了微信个人号或企业微信个人号时，康养项目就进入了私域流量运营阶段。在介绍运营方法之前，我们先要制定私域用户的管理方法，这样一来，当用户源源不断地流向私域时，康养项目才能做到分类有序，管理清晰，互动有章法，运营有依据。

私域运营的用户分类

导入私域的用户形形色色,他们的年龄、身体状况、兴趣爱好不同,康养需求也不相同。要想在私域里与用户建立起稳定的信任关系,提供有效的长期价值,康养项目员工的首要工作,是给用户分类。

康养项目私域运营的用户分类与开展营销工作的用户分类,有着本质上的区别。

在进行康养项目营销的过程中,我们通常把用户作为销售对象来进行分类,很多康养项目都是采用以下四种分类方式。

(1) A类客户:有明确的康养需求;与康养项目的匹配度高,无明显抗性问题,已有明确的入住时间或已缴纳定金。

(2) B类客户:有明确的康养需求;与康养项目的匹配度高,但尚有部分抗性问题未解决,尚未确定入住时间或签约时间。

(3) C类客户:有康养需求;但其部分需求与康养项目不匹配,或用户短期(1~2年)内无法入住或签约。

(4) D类客户:康养需求不清晰或无需求。

以上这四种分类方式的依据是以成交为导向的。而本书的第一章中介绍过:做康养项目的私域运营,要把流量思维转变成用户思维,把用户当作有需求的人,要以传播为首要目的、成交为次要目的,坚持为用户提供长期价值。因此,康养项目员工要从本质上认清,私域运营的用户分类方式是另一回事。

当然,私域运营工作与营销工作密不可分、相辅相成,特别是在营销过程中,康养项目员工会充分利用获取到的用户详细信息和需求,如表4-1

所示。

表4-1 用户详细信息及需求表

客户姓名		决策人	
长辈性别		子女情况	
长辈年龄		子女职业	
身体状况		子女居住地	
长辈原职业		渠道来源	
长辈兴趣爱好		价格预算	
长辈居住地		是否住过养老项目	
关注因素		已参加过项目名称	

这些信息有助于康养项目员工进行精准营销，促进成交。在私域运营中，这些详细的用户信息同样非常重要，有助于精准提供价值、建立与用户的稳定关系。

对于康养项目的私域运营，可以采用两种分类方式：一类是按照用户关系划分，另一类是按照运营方向划分。这两种分类方式都更看重传播、拥护、互动和价值提供。

一、按用户关系分类

不同用户和康养项目的关系是不一样的，大致可分为以下三类：

（1）已成交入住用户：用户已签署合同，即将入住或已入住；这些用户可以被理解为是康养项目运营团队服务的重点群体。

（2）未成交入住，但对康养项目关注度高的用户：其中包括有意向并已参观体验、有意向但未参观体验的两小类用户；这些用户可以被理解为是营销部门关注的重点用户群体。

（3）对康养项目关注度不高的潜在传播用户：仅对康养项目有过关注，但自身需求和康养项目的定位不匹配，或未有明确的康养需求与意向；这类用户可以被理解为传播的重点群体。

这三类用户的数量是呈递进关系的，受制于康养企业的规模和房间、床位数量，入住用户有确定的数量；而在市场上关注康养项目的意向用户的数量较多，但同时这些用户也在比较同类型的其他项目；第三类用户的数量最多，尽管他们中的大部分人不会入住或消费，但他们却是康养项目价值传播和品牌拥护的主力军。

由于这些用户和康养项目的关系有差别，因此，在私域运营中他们需要的场景环境不同，希望获取的内容需求不同，渴望得到的价值也不一样。按照用户关系分类的方式是康养项目的第一个分类维度，这对下一步给用户贴标签非常重要。

二、按运营方向分类

根据未来康养项目进行私域运营时不同的内容类型和价值点来划分用户，大致也可分成三种类型。

（1）福利优惠体验型：在日常的私域运营中，康养项目会做一些诸如老年商品售卖、项目优惠释放、福利体验等活动；那么，康养项目可以把对这种需求感兴趣的用户分成一类。

（2）内容互动传播型：康养项目在私域运营中进行内容创作、分享、传播、互动，培养用户对康养服务的认知，增强用户黏性，建立康养项目的潜在客源池，并从中筛选出会员；那么，康养项目可以以此为目的，把符合自身需求的用户分成一类。

（3）会员运营增值型：在私域运营中，康养项目可以在会员中建立圈层，塑造平台（俱乐部、健康管理、深度学习等），丰富不同级别的会员的权益，提供更多价值；那么，康养项目可以把属于会员的用户分成一类。

以上这种分类方式是基于对私域运营具备正确的理解和认知的，以终为始，可以在实践中结合康养项目的实际情况，进行调整优化。比如，可以在康养项目用户分类中增加刚需护理型、活力生活型，也可以增加参与体验型、社群活动型等。这种分类方式为下一步给用户贴标签建立了第二个分类维度。

在给用户分类的过程中，由于康养行业的特殊职能，有时候会遇到用户与客户分离的情况。用户是消费者，是真正需要和享受康养服务的群体；客户即为买单者，其有可能是用户，也有可能是用户的家属、亲友或其他人。那么，面对用户与客户分离的情况，康养项目是否需要对其分开进行私域运营呢？

这里有一个原则就是需求不分离，也就是说，尽量不要将用户与客户分开进行运营；如果出现了需求分离的情况，那么则要分开进行运营。如果客户只是作为买单者，为用户付费，那么对于这一组用户和客户来说，二者的需求是一致的。

但也会存在一些特殊情况，比如，子女购买保险，老人享受康养项目入住权益；或者子女购买产权、使用权，老人实际入住康养项目。在这种情况下，子女的需求更多的是投资属性和长期保障，老人的需求则是当下的康养服务。在用户和客户的需求出现分离的情况下，建议把客户和用户分别归类，再分开进行私域运营。

私域运营的标签管理

私域运营中用户管理的第二项内容就是给用户贴标签。如果说用户分类是通过识别用户的共性特征来进行粗犷标记，那么，用户标签化就是通过记录每位用户的个性特征来进行精细标记。

用户标签管理，是通过康养项目私域微信个人号或企业微信个人号上的微信标签管理页面来实现的。以微信个人号为例，标签管理的设置共有五项内容，分别是改备注名、贴标签、填电话号码、加描述和上传照片。这五项内容要在设置页面进行录入，然后在显示页面可以看到整体效果，如图4-1所示。

一、改备注名

修改用户备注名后，其名称能直接显示在你的朋友圈和对话框中，一目了然，方便互动。对康养项目来说，可以建立起自己的私域用户备注名公式，举个例子，备注名公式可以设置成：

用户分类1+姓氏+称谓+年龄+用户分类2

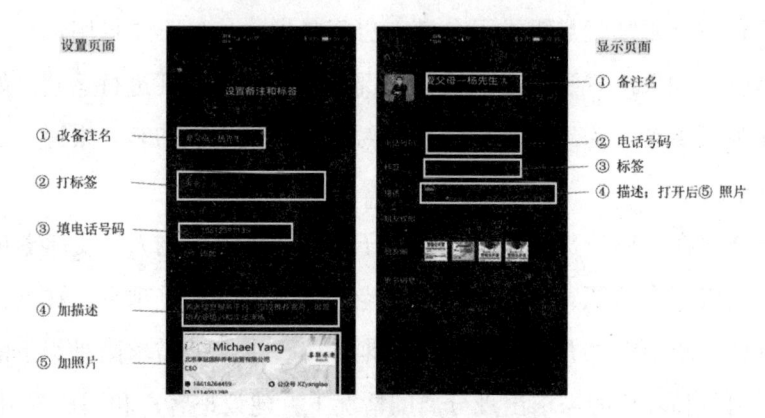

图4-1 微信个人号标签管理的五项内容

具体可以设置成如图4-2所示的样子。

图4-2 微信个人号备注名样式

（1）用户分类1——YW。

①用户分类代表前一节中所讲的第一种私域用户分类方式：按用户关系划分。

②YW是拼音缩写，代表有意向但未体验的用户。

（2）姓氏+称谓+年龄——马振东（老师）/76。

①记录姓氏或姓名，便于称呼和打招呼。

②称谓可以用原职业，如老师、教授、医生、处长等，也可以用叔叔、阿姨、爷爷、奶奶等，还可以用用户喜欢的称呼，如先生、女士、公子、大侠等。

③加年龄一是可以判断出对方是家属还是用户，二是在互动时可以提前

进行心理预设。

（3）用户分类2——服务内容。

①用户分类2代表前一节中所讲的第二种私域用户分类方式：按运营方向划分。

②服务内容表示该用户关注服务内涵，因此在未来与其进行沟通互动时，可以内容为主。

康养项目可以按照自己的私域用户分类原则来制定自己的备注名公式。通过这个公式，员工能够清晰地了解到用户和康养项目之间的关系：是已经签约入住用户，还是高意向待转化用户，或是潜在传播用户；也可以知晓用户的基本信息：姓氏、年龄、称谓；还可以知晓用户的兴趣爱好，从而有针对性地决定通过什么方式为其提供价值。清晰的备注名可以让一位刚刚接手私域运营工作的新员工能快速了解每一位用户的基本情况，并进行有效互动。

备注名公式可以设置得更丰富，如表4-2所示。

表4-2 备注名公式设置元素多样化

来访情况	会员级别	兴趣爱好	原职业	消费金额	互动程度	属相或生日	用户来源
0/1/2/3	潜在会员	声乐	教授	0	沉默	本命年	百度搜索
4月11日	银卡会员	书法	公务员	1~10000	偶尔	9月20日	朋友介绍
已体验	金卡会员	模特	高管人员	10000~50000	活跃	龙	路过
复访日期	铂金会员	模牌	离休干部	5万以上	KOL	金牛座	抖音视频

在备注名中可以体现诸如会员级别、来访次数、最近一次来访日期、兴趣爱好、互动程度、消费金额、属相或生日、渠道来源等信息。当然，进行设置的前提是结合康养项目的实际情况，并对康养项目制定的私域运营策略有帮助。

修改备注名时，要注意两点：一是备注名不宜太长。微信平台对备注名有字数限制（31个字符以内），设置太长不会完整显示，反而容易带来麻烦。备注名就是为了快速识别、快速互动，所以要聚焦需求与个性，并适当使用缩写。二是备注名不要一成不变，需要根据用户的状态变化适时做出调整。

二、贴标签

贴标签是为了便于康养项目员工在私域运营时群发消息、建立社群、转发朋友圈。日常生活中，我们在自己的个人微信里都会设置一些标签分类，如同学、同事、家人等，这样在我们发朋友圈、群发消息时可以只让相关的人看到，在这里也是同样的道理。

贴标签也可以设置公式，建议按照"内容+需求"的方式来设置标签。

（1）内容导向标签：如活力风采型、护理需求型、医疗健康型、认知障碍型等。

（2）需求导向标签：如优惠福利型、参加活动型、入住急迫型、犹豫不决型等。

当设置好相应的标签后，就可以将用户对号入座了，如图4-3所示。

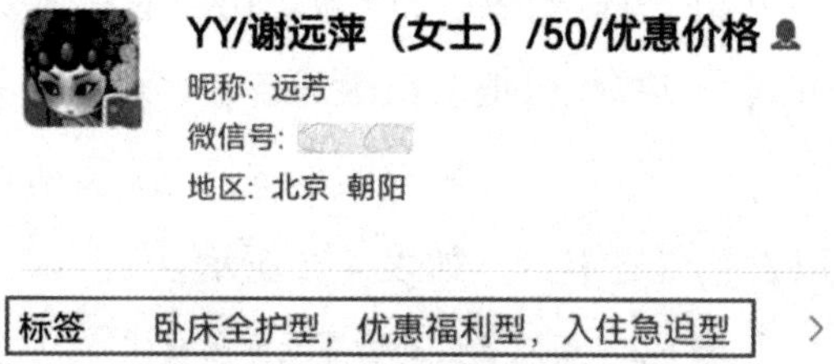

图4-3　给微信个人号贴标签

设置这样的标签组合非常有利于康养项目的内容针对性传播，也会提升私域运营过程中员工在操作时的便捷性。比如，某康养项目准备做一次三天两晚的优惠体验活动，目标群体是高意向用户中的活力型用户。针对这个条件，私域运营团队就可以配合做相应的活动传播、互动报名以及裂变。那么，员工就可以选择如活力风采型、参加活动型、犹豫不决型的用户标签类别，在其中进行互动和传播。这样操作起来是非常方便的。

三、填电话号码

填写用户的手机号码，还可添加座机号码，并都可以显示出来。

四、加描述

描述虽然可以添加较多的文字，但是，描述很难直观地显示出来，通常由于文字较多，描述还会产生折叠。但是，如果员工想了解更多的用户信息，就会点击描述按钮来详细查看。所以，一般在描述的位置要填写备注和标签栏写不下的内容，诸如：

（1）用户详细的身体状况、主要疾病、慢性病；

（2）用户的作息时间、饮食特点、家乡情况；

（3）用户的配偶状况、子女状况、决策人；

（4）用户的详细需求、参访或电话咨询的情况；

（5）用户的会员房间号、消费情况；

（6）用户的个性化喜好和需求等。

五、上传照片

上传一张用户照片，可以是用户的身份证照片，因为身份证能体现出很多用户信息（年龄、住址、家乡等）；也可以上传一张辨识度高的用户个人照，如来访参观照片、参与活动的照片，或用户朋友圈里的个人生活照。

将以上五个步骤都完成后，用户的信息就已经相对完善了。以下示例的设置页面和显示页面都很完整，这就是做得很好的用户标签范本，如图4-4所示。

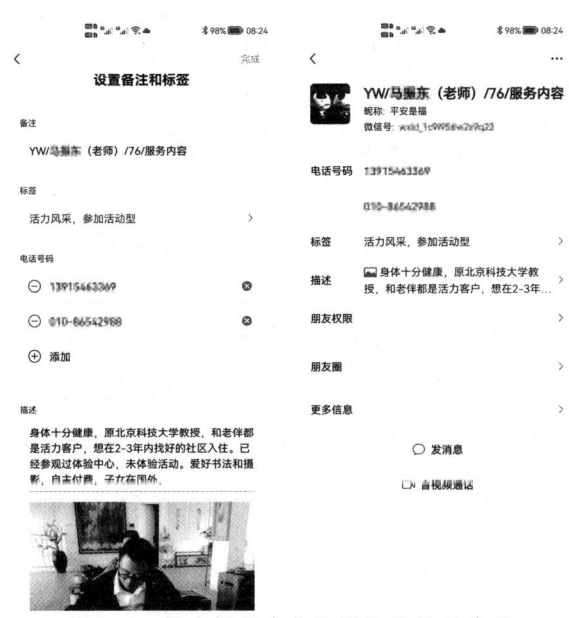

图4-4 用户标签完整设置后的展示效果

小结与演练

上一节和本节介绍了在进行康养项目私域运营时，如何给用户分类和做标签管理。这两项工作的目的是让康养项目的私域管理工作更精细、服务更容易、运营更契合，让你比同行更了解用户。

演练建议：

1. 结合上一节内容，讨论在进行康养项目私域运营时，如何给用户分类。
2. 结合本节内容，来给你的康养用户完善标签内容吧！

康养用户画像的制作方法

当康养项目的私域运营进行到一定阶段，累积了一定的用户数量之后，康养项目员工就会有进一步探究用户规律的心理和兴趣。比如：什么样的用户会对康养项目感兴趣？什么样的用户参与活动的活跃度更高？什么类型的话题产生的互动效果最好？什么样的用户最容易成交？用户成交的周期和规律是什么？等等。如果想要解决这些问题，就需要康养项目员工掌握用户画像的制作方法。

一、用户画像是什么

用户画像可以帮助我们了解用户的需求、体验、行为和目标。它可以帮助我们认识到不同的人有不同的需求和期望，也可以帮助我们识别出到底哪些用户对康养项目感兴趣。说得直白一些，通过用户画像，我们可以知道用户长什么样、是什么身份。

1. 用户画像是怎么来的

制作用户画像的过程，其实就是一个不断给用户贴标签、细化标签并做标签数据化筛选的过程。

回顾我们认识世界的过程，其实都是在不断地给事物贴标签的过程。我们通过感官认知、利用理性思维，给事物贴上一个个标签，并把这些标签记住。比如，雪是白色的，冰是透明的；甜味是令人愉悦的，苦味是令人皱眉的；百合花是香的，坏了的鸡蛋是臭的；狗是温顺的，猫是独立的，等等。我们对于人的认识也是通过标签化来实现的，别人认识我们也是一样的。比如，张三很外向，是个话痨；但张三不能深交，因为他把钱看得很重，有些自私；他是个医生，是内科主任，看病的技术还不错；他的媳妇在家全职带孩子，长得蛮漂亮的。很明显，张三这个人是被标签化的。

因此，用户画像的制作分为四个步骤，并依次递进：

（1）将用户的具体信息标签化。

（2）将丰富的标签数据化。

（3）将数据按照需求，进行统计分析。

（4）按数据频率筛选出有代表性的标签。

同样的道理，康养项目和店铺也有自己的画像，也可以进行标签化。比如：某康养社区的规模很大，有十几栋楼；社区的活动场所很多，经常开展各类活动，还成立了兴趣小组；交通很方便，社区旁边就有地铁站；在社区半径500米以内有一家三甲医院，还有一个大型菜市场；社区里的员工很热情，会主动跟老人打招呼；虽然收费有点贵，但是价格可以让人接受。这些具体的标签汇总起来，就是用户对该康养项目的印象。这也是值得康养项目市场化品宣部门研究的事情。

2.制作用户画像有什么用

前面讲到制作用户画像的目的是为了可以更好地认识、了解用户，这也是用户画像的第一个作用。康养项目员工做私域流量运营，就是要和用户交朋友，既然交朋友，就要相互了解、彼此信任，这样才会把后续的私域运营做好。

用户画像的第二个作用是提升营销效率。通过用户画像，我们就能清晰地知道哪些人可能成为我们的客户，客户的特征是什么，这些客户在哪里，通过什么渠道去和他们建立联系。康养项目员工可以把更多的营销精力放在更精准的事情上，实现事半功倍。

用户画像的第三个作用是可以创新场景和产品。通过用户画像，能够获知用户喜欢什么样的生活场景、社交场景、线上场景以及互动场景，那么，康养项目就可以搭建更多用户感兴趣的场景，以更好地在公域和私域触达用户。同样，通过用户画像，康养项目员工对于用户的需求也会把握得更准确，知道用户想要什么样的产品，什么样的产品能够打动用户，哪类产品能够产生购买和转化。下面来看一个例子：

瑞幸咖啡对自己的私域用户进行了用户画像，同时，瑞幸咖啡也和竞争对手星巴克的用户画像做了对比。然后，它发现了如下几条有价值的内容：

（1）瑞幸咖啡的用户主要集中在29岁以下，用户年龄层相对较低，大部分用户都是30岁以内的90后；而星巴克的用户年龄层大多集中在30岁以上。

（2）经常在瑞幸咖啡消费的顾客大多是白领上班族，写字楼的订单消费较多；而星巴克的消费群体主要来自商圈和繁华地带，商旅族占的比重较高。

（3）瑞幸咖啡的订单中的50%以上来自线上订单，且外卖和自提较多；而星巴克的线上订单占比小得多，线下消费占了大部分比重。

（4）瑞幸咖啡的主要收入来自咖啡本身，约占收入的95%；而星巴克的简餐和咖啡用具的销售较好，收入稳定增加。

针对以上信息，瑞幸咖啡认为自己的用户年龄层偏低的原因可能和自身咖啡的价格不高有关，针对自身和星巴克的差异化，瑞幸咖啡制定了如下运营和发展策略：①把写字楼的场景作为开店拓展的主要业务，与星巴克的商圈场景形成差异化；②同时考虑到年龄结构，加大校园场景和学生族的用户开发力度；③线上订单多的主要原因是顾客在工作期间开会、坐电梯、外出购物时不方便线下购买，于是，加大线上场景的建设，通过企业微信社群，每天在四个关键时间段（早餐、午饭、下午茶、下班）去触达职场用户；④围绕新客获取、福利持续发送、裂变复购三个维度，完善微信小程序功能，坚持把咖啡的主业做精，以提升营业收入。出自人人都是产品经理官网《从产品的角度看，瑞幸做对了什么？》

用户画像的价值就在于其能找出企业自身具备的优势和特点，通过与竞争对手的差异化分析来制定更有效的运营策略，从而把自己的用户群体做大做精。

3.制作用户画像，要注意什么

首先，用户画像的制作要基于真实的用户数据，要有足够的样本量作为支撑，只有这样，用户画像才会更精准，更具有代表性。千万不要只使用低样本量来进行推论和预测。

其次，在对用户画像进行统计分析和标签筛选时，要考虑标签的优先级，哪些是用户画像主要的标签特征，哪些是次要的标签特征，只有做到主次清晰，运用起来才会更加有效。

再次，制作用户画像是一个不断修正的过程。要知道用户是在不断变化中的，他们身上附带的标签也会不断发生变化。因此，精准的用户画像都是有时效性的，这个问题在后面的章节中会有涉及。

最后，要特别说明一点，标签化的用户画像并不能代表用户本身，要想真正地了解用户，还是要面对面地与用户进行真诚沟通与充分交流。从哲学意义上来说，我们无法从真正意义上去了解一个人，因为每个人都有不被他人了解的一面。因此，对于流量时代的用户被过度标签化的现象，出现了很多反对和质疑的声音，其中具有代表性的是：我不要做标签，我要做真实的人。

二、康养用户画像什么样

康养项目的用户画像是一个逐步发现用户的真实信息的过程。康养项目员工所掌握的，一般都是最容易找到的用户信息，比如，用户的性别、年龄、身体状况等；而对于私密、自我、贴近内心的信息，则难以发现，比如，用户的人生阅历、价值观、梦想等。毕竟有些康养用户的人生经历丰富，但愿意和他人分享的只是冰山一角。从这个层面上说，一幅优质的康养用户画像既要有显性标签，也要有隐性标签。

1. 显性标签

显性标签是具体的、明确的，可视化、一目了然的康养用户标签，往往容易获取，便于进行数据统计分析。像下面列举的类别，都属于显性标签：

（1）用户年龄；

（2）用户性别；

（3）身体健康状况；

（4）疾病/慢性病情况；

（5）原职业/级别；

（6）退休收入；

（7）兴趣爱好；

（8）居住地/家乡；

（9）家庭情况；

（10）子女情况；

（11）子女是否同住；

（12）子女职业/收入；

（13）渠道来源。

2. 隐性标签

隐性标签是用户内在的、深层次的信息，是需感知和挖掘才能了解的，非确定性的。这类康养用户标签往往较难获取，需要与用户进行深度沟通，用户能充分理解且有能力进行表述，不太容易进行统计分析。像下面列举的类别，都属于隐性标签：

（1）关注/致电/来访康养项目的目的；

（2）康养观念和意识；

（3）康养支付能力；

（4）入住支付意愿；

（5）时代特征；

（6）人生轨迹；

（7）日常关心什么话题；

（8）日常消费行为/品类/价格；

（9）经常出现在哪里；

（10）退休人生计划；

（11）未实现的梦想；

（12）产品需求（餐食/居住/配套）；

（13）生活方式描摹。

只有显性标签的用户画像，大多数康养项目和康养研究机构都会去做，但是，能具备更多隐性标签的用户画像却更显运营的底蕴与功力。也只有具备更多隐性标签的用户画像，才能更好地指导康养项目员工做营销与运营。

康养用户画像实践法

本节重点介绍康养项目员工在私域运营过程中，如何制作一幅康养用户画像。这个过程一般需要五个环节，分别是明确目标、贴标签、数据采集、统计分析和画像使用。

一、你要什么样的画像

第一步就是明确目标，要确定你想要什么样的康养用户画像。要结合康养项目私域运营的目的进行研究，比如：

（1）如果想找成交入住的用户特征和成交周期规律，那么，就去制作基于成交的康养用户画像；

（2）如果想寻找什么样的用户更乐于参与社群活动，那么，就去制作愿意参与社群和互动体验的康养用户画像；

（3）如果想找中频、高频且可变现的用户，那么，就去制作能够复购商品的康养用户画像；

（4）如果想发现成交入住用户的子女的特征与规律，那么，就去制作他们的子女的用户画像。

事实上，一幅康养用户画像并不能解决多个问题。如果想要解决具体问题，就要把用户画像做得更具体，这个道理显而易见。

二、把用户标签具体化

第二步就是给用户贴标签。在给用户贴标签之前，建议私域运营团队可以组织员工开展"头脑风暴"讨论活动，因为标签是通过发现的问题来展现的，所以，对于发现的问题，只有具有代表性、聚焦、具体、有层次感，才会产生好的互动效果和获得具有代表性的标签数据。对于显性标签，可以通过封闭式的选择题来展现，而对于隐性标签，就需要康养项目员工设计一些开放式的互动问题或者有递进特点的系列问题。

以第一步为例，如果康养项目员工要制作愿意参与社群和互动体验的康养用户画像，那么，就要先研究、讨论需要设计哪些问题，比如：

（1）参加社群和互动体验的前提是用户必须有时间，那么，就要针对康养用户的生活作息规律和时间分配去设计一些问题。

（2）家务劳动、接送孩子这些任务也可能会影响用户的时间安排，所以，这方面因素也要考虑在内。

（3）因为参加社群和互动体验肯定和个人兴趣爱好相关，兴趣爱好又和用户的成长经历与从事的职业有关联，所以，这方面的问题也很重要。

（4）社群和互动有线上和线下两种不同的场景，用户喜欢什么样的活动形式呢？这些也需要探讨沟通。

（5）对于线下活动，用户会不会考虑到交通和地理位置的问题，多远的距离是他们可以接受的呢？

……

接下来，结合这些思考和讨论，把标签化涉及的点都一一展现出来，如图4-5所示。

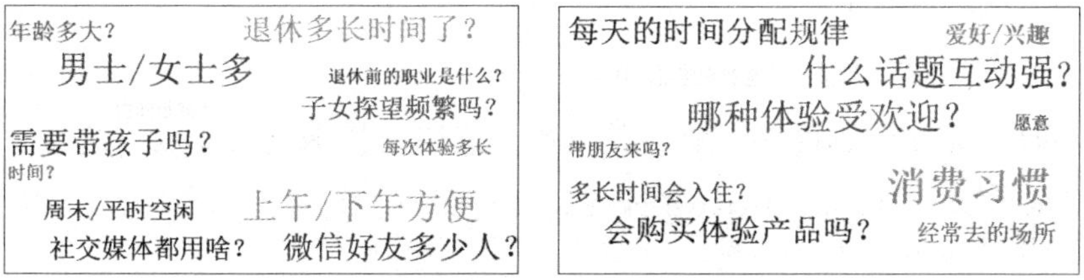

年龄多大？ 退休多长时间了？	每天的时间分配规律 爱好/兴趣
男士/女士多 退休前的职业是什么？ 子女探望频繁吗？ 需要带孩子吗？ 每次体验多长时间？ 周末/平时空闲 上午/下午方便 社交媒体都用啥？ 微信好友多少人？	什么话题互动强？ 哪种体验受欢迎？ 带朋友来吗？ 愿意 多长时间会入住？ 消费习惯 会购买体验产品吗？ 经常去的场所

图4-5 康养用户标签化属性集合示意图

然后，把这些点进行逐一梳理，形成问题，这样一来，就可以把要制作的用户画像做成不同种类的具化标签，下一步要做的，就是在这些标签中进行数据采集，让用户的画像逐渐清晰起来。

三、基于标签的数据采集

在进行数据采集之前，要先确定数据采集的范围和样本量。比如，以上案例中的样本采集范围可以确定为：参与社区线上和线下社群的用户、参加过社区体验活动的用户,以及私域运营过程中在微信群和朋友圈里活跃度高的用户。然后,康养项目员工可以统计一下采集范围里的这三类用户的总数量。

原则上说,样本量越大,用户画像越精准,但是,太大的样本量会带来工作量的增加。一般来说,康养用户画像的样本量应至少大于200个,这样制作出来的用户画像才会更有说服力。

在具体的数据采集中,会有以下三种情况。

1.部分标签信息已有数据

有的标签信息在康养项目进行私域引流的时候就已经被获取了,可以直接拿来使用,比如:

(1)年龄;

(2)性别——男士/女士的数量和比例;

(3)住址——用户位置范围/家属探望频次;

(4)原职业;

(5)子女状况等。

2.部分标签信息可间接获得

还有一部分标签信息,康养项目员工可以间接地通过观察、统计、计算的方式来获得,利用简单的操作就能获得数据,比如:

(1)退休时长——结合年龄计算;

(2)体验时长——平时的观察统计;

(3)兴趣爱好——统计活动情况;

(4)关注话题——用户朋友圈、点赞视频号等。

3.部分标签信息需沟通访谈,方可获得

对于用户隐性标签的信息内容,在更多的时候需要康养项目员工去和用户交朋友,通过深度交流和访谈来获取需要的信息并总结提炼出来,比如:

（1）时间分配——用户的生活规律/是否带孩子/空闲时间段；

（2）社交环境——使用社交媒体/朋友圈人数/裂变难易程度；

（3）消费习惯——日常场所/关注品类/变现难易程度；

（4）价值观——人生感悟/社会参与度/看法和观点等。

在采集数据过程中，有三点提示。第一，这里康养项目要制作的是基于私域流量的用户画像，所以，来自公域流量的客户调研数据、互联网用户统计数据并不适用。第二，康养企业自有网站、微信小程序、微信公众号可以获取部分用户信息（年龄、性别、定位等），但这些只属于显性标签信息范围，如果要把这些用户也纳入数据采集范围内，还需要将其真正导入私域，并获取隐性标签的信息内容。第三，可借助第三方专业工具进行数据采集和统计分析，目前，市面上有微伴助手、微盛·企微管家、艾客等企业微信专业工具，以及UP管家、爱聚SCRM等个人微信专业工具，这些工具都可以帮助康养项目运营者快速贴标签，提升用户画像和私域运营的工作效率。

四、不同视角的数据分析

数据采集完毕后，康养项目员工要进行统计与分析工作，首先需要编辑一个用户画像数据采集表，如表4-3所示。

表4-3 用户画像数据采集表

	姓名	性别	年龄	原职业	住址	爱好	退休时长	关注话题	社交媒体	……
用户1										
用户2										
用户3										
用户4										
……										

在表格中，可以区分显性标签和隐形标签，同时，使用Excel表格工具便于进行统计和分析操作，可设置不同的统计类别，进行专项分析。接下来，利用表格进行用户画像共性特征汇总，比如：

（1）单项排序——如书法=68；合唱=72；模特=23；台球=45；教师=135等。

（2）汇总排序——如75>年龄>65=231；女性=321，占比63%，公务员占比19%等。

（3）共性特征汇总——各单项和汇总的最优相加，形成基本的用户画像描摹。

共性特征汇总形成了用户的基本画像，在这个基础上，还可以进行不同视角的数据分析，关注局部特写，比如：

（1）女性关注的互动话题／男性关注的互动话题；
（2）不同年龄阶段的兴趣爱好区别／不同职业背景的兴趣爱好区别；
（3）退休时长对于体验和成交的影响／社交人数与裂变难度的相关性；
……

通过数据的不同视角，会带来不同的价值，多视角地分析不仅会让用户画像更丰富饱满，还会让康养项目员工能够更加充分地挖掘数据的潜在价值。

五、学会使用用户画像

用户画像制作完成后，康养项目员工要学会如何使用用户画像，而不是简单地了解之后就将其束之高阁。以下四个方面是康养项目员工在制作完用户画像后需要去关注的。

1. 建立用户筛选机制

在私域运营策略中，最重要的事情就是用户筛选，私域运营的目的是私域传播，并为用户提供长期价值，但是私域运营的结果是用户筛选。用户筛选的路径是潜在用户—体验用户—成交用户—会员用户，康养项目员工应该在私域运营过程中建立起该路径中的每个用户的画像，这样一来，当康养项目员工和新用户建立联系时，就能大致判断出该用户的类型和其处于该路径中的哪个阶段、该用户的特征和需求是什么、如何给该用户提供服务和价值。

一幅用户画像制作完成后，要结合画像的共性特征和局部特写，去制定有针对性的私域运营策略。比如，在前面的例子中，康养项目员工制作了愿意参加社群和互动体验的用户画像，清晰地获知了用户对什么样的体验活动更感兴趣，什么话题互动性强，在什么时间段参与人数最多，什么类型的社群最容易传播等细节。那么接下来，康养项目员工就可以在进行内容创作、活动组织、话题发起、裂变拉新时更有计划性和针对性，以提升这部分用户的满意度、价值获得感和传播效果。

2. 找出用户在哪里

当康养项目员工找出用户画像的共性特征和局部特写后，就会更容易获知去哪里找到同样类型的用户。比如在前面的例子中，通过数据分析得出：教师的人数最多，女性占比高于男性，那么康养项目的用户为女性教师的可能性就较大；喜欢合唱和书法的用户占比高，那么一些合唱团、书法协会就是康养项目员工要去开拓的渠道；公务员的用户占比排名第二，那么在私域运营过程中，就要多和老干部局、老干部处建立关系，多做联合性的体验活动。

康养项目员工通过制作用户画像，掌握了更多的用户详细信息，如用户的职业、爱好、居住范围、生活半径、活动场所、兴趣爱好等，都对康养项目员工找出用户在哪里，提供了很好的帮助。

3. 和用户发生联系

在全渠道（Omni-Channel）整合营销的理念中，在用户描摹之后，我们紧接着要做的事情，就是和用户发生联系。尽管康养项目员工已经知道用户是谁、用户长什么样子、用户在哪里，但是这些信息还不够，还需要知道用户会在什么渠道上，用户是通过哪些渠道了解到康养项目的，康养项目员工通过什么渠道能够触达用户，如何能够与用户发生紧密联系，等等。

要解决这些问题，需要做进一步的分析和研究。比如在前面的例子中，康养项目员工通过进一步的互动得知：在线上渠道，用户除了使用微信之外，更多地会使用今日头条、美篇、知乎等公域平台；在线下渠道中，用户对住宅电梯广告、公交车站广告、晚报的关注度更高。那么，在实际工作中，康养项目就可以有针对性地多在这些线上、线下渠道搭建场景，进行品牌传播和私域引流，以期和用户发生紧密联系。

4.何时更新用户画像

前文介绍过制作用户画像是一个不断修正的过程，精准的用户画像都有时效性。那么，在出现以下四种情况时，我们需要对用户画像进行更新。

（1）资源发生变化。康养项目对其产品做出了调整，比如环境提升、装修改造、房间床位升级、配套功能调整等。因为产品资源的变化会带来用户群体的变化，所以，康养项目员工要及时对用户画像进行更新。

（2）价格发生变化。最明显的就是涨价，一般情况下，随着康养项目资源的紧缺，会在营销策略上形成价格阶梯，但是我们要注意的是，价格上涨会使目标客户群发生变化，所以，康养项目员工应该及时更新用户画像。

（3）传播方式发生变化。比如从传统媒体向移动互联网媒体的转变，就是一次显著的传播方式的变化，这个变化会带来信息传递方式、触达场景迭代、内容创作形式升级等一系列的变化，所以，用户画像也应该随之进行更新。

（4）生活方式变化。康养项目做的就是用户康养的新生活方式，如果时代变革给人们的生活方式带来了巨大变化，那么，康养项目的用户结构、用户特征和用户群体都会随之发生变化。比如，长护险逐步推行、居家康养模式的日益完善等，都会给用户的生活方式带来变化。聪明的康养项目员工肯定也会做出相应的评估和对策，对用户画像、用户人群，甚至是产品结构等方面做出及时调整。

小结与演练

上一节和本节介绍了康养项目员工如何给康养用户画像的基本内容，以及如何制作优质的康养用户画像。制作康养用户画像的过程，就是把康养用户标签化、数据化、抽象化的过程，而用户画像真正的意义，在于画像描摹之后。演练建议如下：

1. 如果康养项目有了一定数量的私域用户，可以结合康养用户画像实践法来描摹一类画像；

2. 结合制作的用户画像，讨论如何制定进一步提升私域引流的策略。

举一反三：

康养项目员工只关注用户成交画像，不关注其他画像的做法，对吗？

第五章
微信朋友圈——信任环境

前四章介绍了康养企业在私域运营中的流量认知、环境搭建、用户引流、分类管理四个环节的内容。在流量认知章节中，介绍了公域流量和私域流量，以及康养项目为什么要做私域流量运营。在环境搭建章节中，介绍了私域流量的承载方式，以及如何给用户带来优秀的私域第一印象。在用户引流章节中，梳理了公域获客、电话咨询、来访参观三类康养用户独有的引流场景，并介绍了康养项目在成功引流后，如何与用户建立信任关系。在分类管理章节中，介绍了私域运营的用户分类方法和如何对康养用户进行标签管理，以及如何理解、制作和使用康养用户画像。

本章开始，介绍康养项目在私域运营过程中的具体方法和内容。首先，围绕私域运营的两个主场景——微信朋友圈和微信群，介绍如何通过朋友圈建立信任环境，如何使用微信群保持与用户的长期黏性。其次，详细介绍康养私域运营的核心——内容创作。最后，介绍私域运营的重要环节——裂变技巧。

发布微信朋友圈的常见误区

微信朋友圈，几乎是每一个使用微信的人在每天、每小时都会关注的场景。通过朋友圈，人们可以了解自己社交关系中的每个人在想什么、在做什么、和自己有什么关系。同时，通过朋友圈，人们可以展现自我的存在感，或感慨、或记录、或彰显、或宣传，这个社交工具已经和我们日常的工作与生活息息相关了。

在康养项目的私域流量运营中，企业微信个人号或微信个人号的朋友圈是康养项目私域的第二门面。微信朋友圈是一个搭建用户信任的场景，用户通过康养项目员工在微信朋友圈中分享的文章、图片、视频、链接，可以了解到康养项目的各类信息，由此会产生与之相对应的心理活动。

用户的心理活动有正向的，比如喜爱、探寻、比较、启发；也有负面的，比如反感、挑剔、无视、反击。康养项目员工在发朋友圈的时候容易进入一些常见误区，导致被用户无视甚至反感，总结起来大致有下面六种情况。

误区一：只转发链接，没有文字表达

如图 5-1 所示，在现实中，这种情况还是比较常见的。通常用户直接滑走这条朋友圈的概率极大，如果这条链接显示出来的内容对用户来说没有足够的吸引力，那么，这条朋友圈的关注度就不会很高。

好的做法是在需要转发的这条链接上面配上你的态度、情绪，或者是观点，以引发用户点击阅读和分享。就像前面所介绍的，用户需要通过某种媒介来感知你是一个活生生的人，既然是人，就有七情六欲、喜怒哀乐。比如，在图 5-1 中可以配上这样的文案：看了这条新闻，心里确实很

感动，能放弃自己的追求，去孝敬老人，这样的现象越来越少了。同时，也感到有些遗憾，如果子女能把老人送到康养社区来，那么，就会是一种双赢。

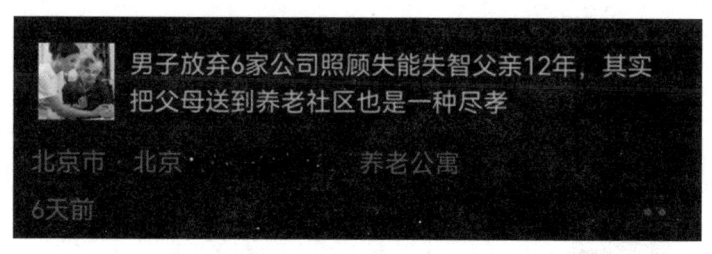

图5-1　在微信朋友圈只发链接，没有文字说明

配上文案之后，能够激发用户的阅读兴趣，可以使用户产生同理心，以达到和用户拉近距离的目的。

误区二：只有图片／视频，没有文字表达

如图5-2所示，如果只发布图片或视频，用户会对此产生审美疲劳。因为每个人的微信好友，常常会有成百上千位，因此，用户在浏览朋友圈时，会看到很多类似的图片或视频，所以，如果没有特别能够吸引眼球的地方，则很难引起用户的关注。同时，还容易让人感觉你只是为了转发而转发，应付工作而已。

好的做法是在发布的图片或视频上面，配上一段自己写的文案，进一步吸引用户的关注和点击。比如图5-2中的节气海报，每逢节气来临时，其在朋友圈里大有铺天盖地之势，几乎所有的康养企业都在发，要想脱颖而出的话，可以添加下面这段话：今年的小雪会下雪吗？好期待……但是，为了我们康养社区的用户，还是别下了，天冷路滑，安全第一。

这样的文案会让用户觉得你既真实又贴心，会极大地提升他们对你的好感和信任度。用户也会觉得你发的每一条内容都是发自内心的，而不是只看到了品宣文案和营销电话。

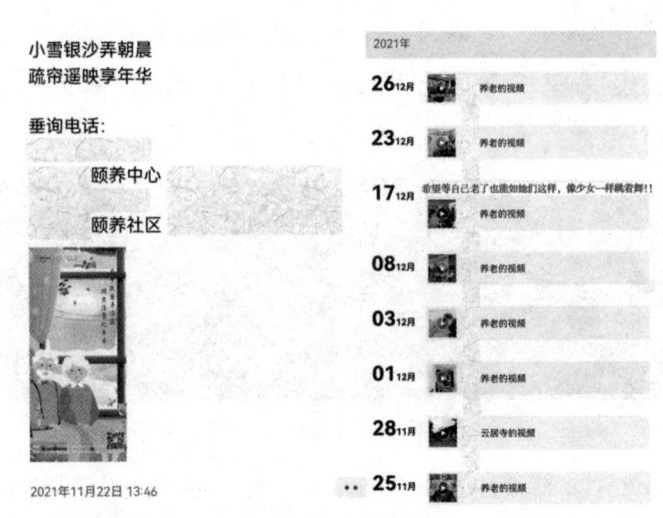

图5-2 在微信朋友圈只发图片或视频，没有文字表达

误区三：文字太多，产生折叠

如图 5-3 所示，发布在朋友圈的文案，如果超过 7 行的话，就会自动折叠。在显示不全的情况下，文案常常无法在第一时间吸引用户眼球，用户打开阅读的概率会很小，大多数用户会很快将其滑走。

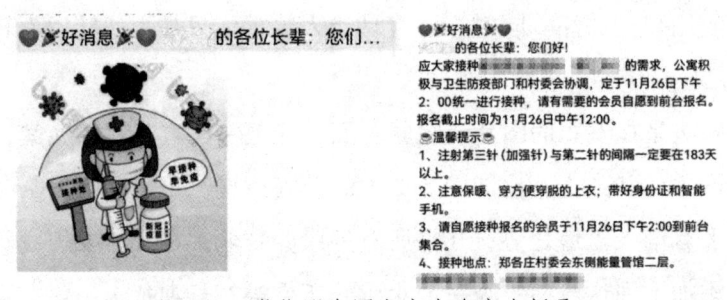

图5-3 微信朋友圈文字太多产生折叠

针对这种情况，提两个建议：一是压缩文字量。从某种意义上说，文字量与被阅读量成反比，文字越多，辨识度越差，如果文字实在太多，那么，可以选择巧用评论区的方法，即把一些文字内容放在评论区里展示出来；二是既然文字多，就一定要配图，其目的是通过图片来吸引眼球，还能够缓解阅读疲劳。这样既可以解决图 5-3 中文字折叠的问题，还可以让所配图片与文字内容更加

相得益彰。

误区四：文字太多，产生堆砌感

如图 5-4 所示，有的朋友圈的文字内容虽然多，也没有产生折叠，但是一大段话读起来确实有点吃力。比如，图 5-4 中左侧的内容，如果完全读下来的话，就会感觉很费力。

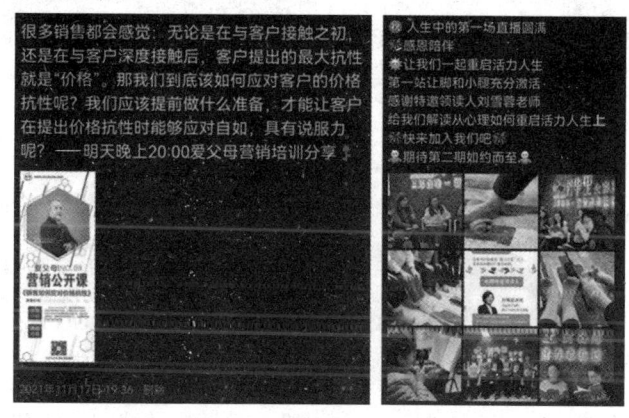

图5-4 微信朋友圈文字太多时要有层次感

面对这种情况，我们可以把这段话分层次、分段落地去说，让文字更有节奏，让阅读更有呼吸感。就像图 5-4 中右侧的内容，读起来的感觉会更好些。

误区五：发广告太多，营销气息重

如图 5-5 所示，如果你每次发布的朋友圈都是在宣传康养项目，且内容都集中在参观预约、优惠活动，那么，你离被用户拉黑、屏蔽就不远了。图 5-5 就是一个非常明显的例子，营销的痕迹比较重。

康养项目私域中的用户最渴望的是在朋友圈中看到有价值的信息、有趣味的事情。所以，想要做好康养项目运营，你发布的朋友圈要像一个普通微信用户发的朋友圈那样，那么，什么是普通微信用户的朋友圈呢？就是有工作也有闲暇，有喜悦也有愤怒，有优点也有不足，有压力也有解脱。千万不要日复一日地只发布同一种类型的朋友圈，无论是心灵鸡汤，还是营销广告，千篇一律都会让用户无感或反感。

图5-5 微信朋友圈要避免太多广告

误区六：场景混淆不清，引人反感

如图5-6所示，在康养项目私域运营中的康养项目员工的朋友圈里，当然可以分享个人生活场景或其他信息，但是，一定要注意的是，你的大部分好友是康养用户和其家属。所以，有些让康养用户看过后反感、读起来费解、理解上困难、不知所云、莫名其妙的内容一定不要发布。否则，不仅会适得其反，还会大量"脱粉"。如图5-6中的内容，就不适合让私域中的康养用户看到。

图5-6 微信朋友圈内容引发不适与反感

发布微信朋友圈的必备公式

当用户被成功引流到康养项目私域后，对私域朋友圈的运营是有规律可循的。这个规律是一条明晰的路径：传播感知→印象标签→记忆互动→熟悉信任→转化成交→裂变拥护。

（1）传播感知。康养项目员工通过私域朋友圈来传播创作的内容、分享有价值的信息，新用户通过阅读这些内容和信息，从而会对该康养项目和私域运营人员有一个大致的了解。

（2）印象标签。随着私域朋友圈触达用户的频次不断提升，用户会逐渐加深对康养项目的印象，并通过其发布在朋友圈的各类信息，建立起对康养项目和运营人员的标签化认识。比如，康养项目的服务质量如何，硬件条件是否豪华，企业文化氛围怎么样，一日三餐吃得好坏，生活在康养社区中的用户是否开心，等等。

（3）记忆互动。同类型的康养项目有很多，能给用户留下深刻印象的永远是细节、亮点和个性化。如果该康养项目的员工比其他康养项目的员工更了解用户、更加知晓用户的需求，那么其与用户互动的效果就更好，用户对该康养项目的记忆就更深刻。

（4）熟悉信任。信任积累的第一要素是时间，随着康养项目和用户互动的频次和深度的不断增加，用户对康养项目会越来越熟悉。信任积累的第二要素是共同经历事情，当康养项目在私域运营中可以不断地解决用户的疑问，匹配用户需求，给用户提供长期价值，则用户对康养项目的信任感也会越来越强。

（5）转化成交。在已经建立了信任的基础上，一部分用户会转化成康养项目的潜在用户，进而转化成高意向用户，最终成为成交用户和会员。当然，完成这个过程需要时间。

（6）裂变拥护。不是所有的私域用户都能实现转化成交。但从理论上讲，大部分用户都可以变成康养项目的拥护者，并自发地做出分享、传播和裂变行为。这是朋友圈运营的路径终点，也是私域运营最重要的目标。

在微信朋友圈私域运营路径中，让用户产生信任感是最核心的环节。因此，康养项目发布朋友圈的目的，就是快速建立起私域运营的信任环境。在本书第三章中介绍了信任公式，这个公式其实也可以作为发布微信朋友圈的必备公式：

$$信任 = \frac{可信+可靠+亲密}{自我利益导向}$$

一、如何体现可信

可信，其实就是专业能力过硬，专业素养优秀。要让用户相信：在康养服务这个领域内，你的康养项目和员工是最专业的。康养项目员工可以挖掘以下的素材来发朋友圈。

（1）体现用户认可的内容，如图5-7、图5-8所示。

图5-7　入住人数实现里程碑　　图5-8　收到家属赠送的锦旗

在图5-8中，通过康养项目入住人数的增长幅度，体现出了康养用户的高认可度。在图5-9中，通过康养用户赠送的锦旗上的图文，既表达了用户的感谢之情，也反映出了康养项目是值得信任的。

（2）体现康养行业获奖的内容，如图5-9所示。

图5-9　成绩喜人，获得奖项

第五章 微信朋友圈——信任环境

在图 5-9 中，不仅有星级康养企业的牌匾图片，还通过具体的数据体现了康养项目服务的专业性，说服力很强，可信度很高。

（3）体现用心服务的细节内容，如图 5-10、图 5-11 所示。

图5-10 日常给予长辈帮助　　图5-11 用心为认知障碍长者服务

在图 5-10 中，写了康养项目员工在日常问候中发现用户的身体出现了小问题，并通过自己的服务收获了用户的认可和感谢，发这样的朋友圈会让用户感觉到康养项目服务的细致和用心。图 5-11 体现了康养项目是如何给患有认知障碍的用户提供服务的，有文字描述，有图片证明，可信度很高。

（4）体现专业的服务场景和过程，如图 5-12、图 5-13 所示。

图5-12 开展健康讲座的知识要点　　图5-13 为长辈搭配的营养膳食

91

图5-12中的内容表现了康养项目举办健康管理知识讲座的场景，在现场有专家、有用户，氛围热烈，带入感很强，让用户有直观的感受。图5-13展示了康养用户在康养社区进行日常餐食的场景，餐食营养丰富，搭配合理，很有吸引力，会让用户对康养项目的餐饮服务非常放心。

二、如何体现可靠

可靠，就是人设积极阳光、健康向上、热爱工作、热爱生活。要让用户感觉康养项目的员工有爱心、有奉献精神、十分靠谱、值得信赖、值得托付。我们可以挖掘以下素材来发布朋友圈。

（1）坚持不懈的励志图文，如图5-14、图5-15所示。

图5-14　永不言弃的精神　　　　图5-15　不忘初心的力量

图5-14、图5-15都体现了康养项目员工勤奋好强、积极向上、坚持不懈的人设。用这些文字可以打动康养用户，让他们感受到康养项目员工的真心付出和真情奉献。

（2）认真负责的工作态度，如图5-16所示。

图5-16　对待客户的用心态度

图 5-16 中的内容贵在真实,展现了康养项目员工和康养用户沟通的内容,虽然康养用户的反馈有肯定,也有否定,但康养项目员工对待康养用户的态度始终都是一样的真诚、认真。这就让用户觉得康养项目员工很靠谱,是个既有职业素养,又真实可靠的人。

(3)信守承诺的优秀品格,如图 5-17 所示。

图5-17 和长辈的约定与承诺

在图 5-17 中,展现了康养项目员工和康养用户的约定。这样的图文能让康养用户感觉到康养项目员工不仅对康养用户十分贴心,能够融入他们,还是值得康养用户信赖的人。

(4)努力奋斗的敬业精神,如图 5-18、图 5-19 所示。

图5-18 勇于担当的职业精神 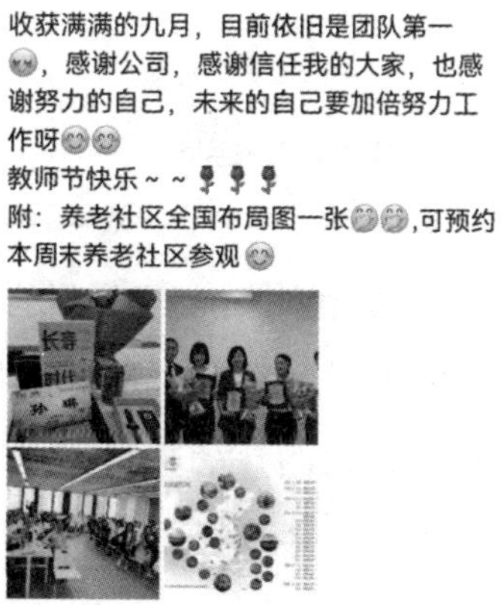　　图5-19 自身获得认可和奖项

93

图 5-18 是一张团队的照片，配上了励志的话语，让人感觉很有时代感和使命感，即使是年轻人，也能把事情做好。图 5-19 体现出来的是通过个人努力获得的荣誉和成绩，让人感觉康养项目的员工努力且优秀。

三、如何体现亲密

亲密，就是体现出你和用户互动频繁，关系紧密，相互信任，和用户心贴心，能成为朋友、伙伴甚至家人。我们可以挖掘以下的素材，发朋友圈。

（1）日常关怀放心上，如图 5-20、图 5-21 所示。

图5-20 情人节的活动预告　　图5-21 冬至节气的问候

图 5-20 是利用情人节的机会，用一首以"爱"为主题的诗歌，既表达了对节日的关注，又将康养项目中历经岁月历练的康养用户的爱情进行了宣传，让看到这张图片的私域用户感同身受，并心生向往。图 5-21 展现的是一段康养项目用户包饺子的视频，加上冬至节气的问候话语，给用户和其家属送去美好祝福，也属于康养项目员工在日常生活中对康养用户的关怀和

关爱。

（2）制造话题来互动，如图5-22、图5-23所示。

图5-22　老人与怀旧缝纫机 　　　图5-23　节日活动道具猜谜

在图5-22中，利用康养用户使用缝纫机的场景来制造话题和回忆感，激发康养用户进行评论和互动的欲望。图5-23是把康养社区日常活动中有年代感的道具拿出来，和康养用户互动，引发康养用户产生沉浸式的想象，制造与线上康养用户的紧密联系。

（3）亲密时刻多分享，如图5-24、图5-25所示。

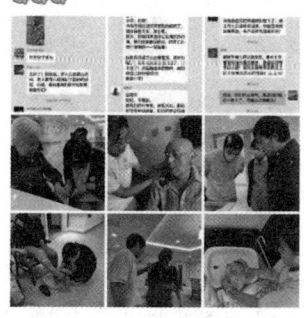

图5-24　用心服务，得到家属肯定 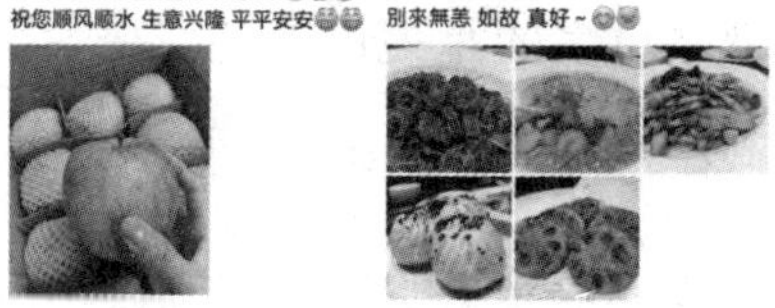　　　图5-25　收到客户赠送的爱心礼物

在图5-24中，分享了康养用户家属的表扬话语，其中也有康养项目里的小伙伴用心服务康养用户的图片，让私域用户对康养项目的服务水平和康

养员工敬老爱老的工作态度有了深刻的认识，从而产生良好的信任感。在图5-25中，分享了客户请吃饭和收到客户礼品的场景，这体现了康养项目员工和康养用户之间的亲密关系，也从侧面说明了康养用户对康养项目服务的满意度很高。

信任公式是发布朋友圈的必备公式，在日常康养项目的私域运营过程中，发布的朋友圈的内容要多体现可信、可靠和亲密，一定不要出现负面和显露自私个性的信息，同时，要规避发布朋友圈的六类误区，这是在朋友圈搭建信任环境的重要内容。

那么，对于康养项目员工来说，在微信朋友圈中应该发布哪些内容更加合适呢？如何吸引用户关注、体现长期价值、增进用户信任感？接下来，我们就具体说说适合康养项目员工发布的朋友圈的内容。

发布微信朋友圈的内容素材

康养项目的私域流量运营有着行业自身的鲜明特点，对于高价值、低频次消费的康养产品来说，拥有较高的品牌认知度，提供优秀的服务反馈和体验互动，建立长期关系和价值分享机制，是康养行业同其他行业做私域运营的本质区别。

对于电商平台的快消品来说，其产品特性是中低价格、高频次消费，私域运营策略更多的是提供爆款、快速变现、不断复购，其商业逻辑中产品是第一位的。而康养企业本质上是服务行业，用户的购买行为本身不产生产品交付，产品交付是一个漫长的过程，要让用户相信未来这个漫长的过程物有所值，必须有前期的良好体验和感受，必须提供有长期价值的内容和服务。因此，对于康养项目的私域运营策略来说，内容是第一位的。

在康养项目私域运营的朋友圈到底适合发布哪些内容呢？经过梳理和归

纳，共分成两个大类十八个小类，供各位读者参考。

一、围绕康养项目的内容

通过康养项目的方方面面内容的展示，加深用户印象，让用户给康养项目贴上记忆标签。

1.营养膳食类

康养用户对吃的方面关注度很高，有时候饭菜做得好是吸引用户入住的重要因素。发布朋友圈可以展示康养项目的营养定制餐、应季养生菜、科学膳食、有丰富品种的自助餐、小炒零点、寿宴、家宴、节日加餐；也可以结合用户的用餐环境和用餐体验来发朋友圈，这样更有场景感；还可以展示菜品的研发创作过程、食材源头的种植采摘、食品安全卫生管理等相关信息，让用户对康养项目的餐饮有全方位的认知和了解。

2.项目环境类

很多用户对康养项目的印象还停留在传统公办康养院的时代，一谈到康养院，就会产生心理负担和恐惧。康养项目员工在发布朋友圈时可以多宣传康养项目社区设施内的四季美景、建筑特色、园林意境、温馨房间、温馨餐厅、各类娱乐活动场地和设施等，让用户感觉现在的康养项目不仅空间大、硬件好，而且更像家。发布这类内容时，要注意最好的展示方式是"景＋人"，并配以文字，体现心情或感受。

3.周边生活类

活力型的退休用户的生活半径很大，除了康养项目内的环境之外，他们还十分关注康养项目周边的情况。比如，是否有便捷的交通工具（地铁、公交等），方便子女和朋友前来康养社区相聚；是否有公园景点、绿地步道，方便散步休闲；是否有超市、菜市场或大型商场，方便购物；是否有邻近的医院、药店，方便就医买药；是否有银行、美食街，使得自己若想理财、存取款或改善饮食等很方便；是否有休闲娱乐场所（KTV、影院等），方便与老同学、朋友聚会。针对这类内容，康养项目可以发布朋友圈进行展示，甚至可以整理成电子版的《康养项目周边生活手册》，提供给有需求的用户。

4. 医护健康类

除了饮食之外，医疗健康方面的问题也是用户关心的重点之一。随着用户的老化程度逐步加深，用户对医疗和健康的需求也会产生变化。活力型的退休用户更看重慢性病管理和日常体检；独立型用户更看重健康监测、干预以及紧急救助；协助型用户更看重护理技术和医护人员的数量。康养项目员工日常在发布朋友圈时，可以多收集、整理康养项目的医护资源、医疗合作渠道、健康监测干预、护理技能、紧急救助、康复理疗、心理慰藉、专家知识讲座和问诊等内容，让用户获得有价值的信息。

5. 多彩生活类

康养项目的产品就是康养生活新方式，展现康养项目里的多彩生活也是发布朋友圈的重要内容。比如，康养用户锻炼身体的场景，旅居、旅行生活，户外游园、采风活动、园艺、采摘、农场种植等。再比如，各类活动场所的使用场景，无论是休闲娱乐、球类运动、书法绘画、手工制作、俱乐部活动，还是用户参与的老年大学、专家讲座、科普讲堂、艺术鉴赏、主题沙龙活动，都是很好的发布朋友圈的素材。当用户觉得康养项目的生活方式有新意、有趣味、有向往时，才会产生改变现有生活状态的想法。

6. 用户状态类

百闻不如一见，最具感染力的是康养项目中康养用户的真实状态。对于逐渐衰老的用户来说，什么是最好的状态？首先应该是自由悠闲，可以做很多自己想做的事；其次，是静可独处、动可社交，既有自己独处的空间场景，也有丰富的社交功能地带；最后，是保持健康，能在有安全保障的环境里，通过营养均衡的膳食、日常健康监测干预、专业的医护服务来保持身体健康。以上三点是居家康养方式无法彻底解决的痛点，也是康养项目的优势所在。因此，康养项目员工可以多展示康养用户的精神面貌，比如记录他们开心大笑、开怀畅聊、专注听讲、认真创作的时刻，以及日常无忧无虑、热情洋溢、邻里互助、乐观积极的状态。

7. 服务案例类

优质的康养服务案例是可以感染人的。在康养项目运营过程中会涌现出很多感人的服务事例，这些事例闪烁着人性的光辉，能够触动用户的内心，产生共情。康养项目员工在私域运营中要及时整理、编辑这些服务案例，进行重点传播。从某种意义上说，康养项目是通过专业服务来代替子女尽孝的场所，目前，社会上对于虐待老人、诈骗康养金的负面新闻报道，对康养行业的发展造成了很多不利的影响，也给老年用户选择更好的生活方式带来了心理障碍和犹豫不决。康养项目员工平时在发布朋友圈时，一定要多展示康养项目员工敬业奉献的事迹，多分享用户家属的感谢，多传播关于康养行业正能量的感触，只有这样，才会让康养行业变得更好。

8. 团队精神类

康养项目员工在发布朋友圈时，选择展示和分享康养项目员工的工作状态，是建立用户信任感的重要手段。发布朋友圈的内容，可以重点突出康养服务团队的闪光点，比如，可以展示康养项目服务团队日常的业务学习培训、定期召开的工作会议、团队拓展训练、企业文化氛围、员工集体活动等内容，这些内容可以让用户感觉到康养项目员工良好的整体精神面貌和其在管理方面的专业性。再比如，可以展示康养项目获得的集体荣誉、个人发表的获奖感言、上级领导视察或表彰的图片、员工节日坚守岗位等内容，用户通过这些内容，会感受到康养项目团队的责任担当与使命感。

9. 优惠福利类

对于大部分潜在用户和高意向用户来说，康养项目开展的优惠福利活动是他们非常关注的内容。比如，优惠券发放、报名体验入住、预约营养餐体验、试入住及短住活动、入住优惠限期促销、入住福利大礼包、限期拉新同享优惠活动等内容，都可以在康养项目朋友圈中进行展示和宣传。这里要强调两点：一是优惠福利活动不能天天搞，否则，会让用户产生假优惠真拉客的心理；二是一定要为优惠活动预设一个合适的目的，即为什么要开展这项福利优惠活动，目的是让用户知晓开展这项活动，不是为了提升康养项目入住率的营销手段，而是一个真正的物超所值的机会。

10.会员权益类

很多康养项目都在做会员的圈层，那么，康养项目员工在运营朋友圈时，可以展示为会员打造和设置的丰富权益，比如，不同的会员级别所能享受的医疗权益：VIP用户专属的健康体检、三甲医院专家在线咨询、绿色转诊与VIP用户病房、专属健康顾问、海外医疗合作渠道等。比如，日常生活类权益：有机绿色食材、营养配餐送餐、VIP俱乐部、理财专属顾问、家政精细化保洁、外出专车接送、定制化旅居产品等。这些内容能够展示出康养项目服务的深度和广度，可以让用户产生更多的向往。

二、围绕日常生活的内容

康养项目微信朋友圈的私域运营，是通过私域微信个人号来实现的。所以，通过对个人日常生活的点滴分享，可以体现真实感，建立信任关系，拉近康养项目与用户之间的距离。

1.生活打卡类

作为康养项目私域微信个人号，不要过于频繁地分享关于康养项目的内容，因为这样一来，会让用户认为这是一个官方宣传平台。比如，我们可以做一些打卡帖，像早安帖、晚安帖、学习打卡、加班打卡、锻炼打卡、外出工作打卡、日常励志金句摘录等。使用打卡贴的好处是，能够让用户觉得你是一个正常人，有作息时间、有工作、有学习、有生活，而且还勤奋努力，自强不息。

比如：#今日金句分享#两个内心匮乏的人在一起，只会互相索取；两个内在丰富的人在一起，才能彼此给予。索取势必枯竭，给予方能成长。——《半山文集》。像这样的每日金句摘抄，有深度、有内涵，对康养用户来说也有阅读欲望和浏览的意义。

2.日常关怀类

既然是做康养项目,就要始终把老年用户放在心上,就像作为子女,日常会关心父母一样。比如,异常天气提醒(暴雨、下雪、沙尘、大风、高温等)、二十四节气问候(配以养生作息、时令饮食等文字)、节日祝福(特别是传统节日,如春节、元宵节、端午节、中秋节、重阳节等)、日常生活提示(好吃的餐馆、适合老人使用的产品、社区信息等)、康养项目临时信息(维修、封闭、大型活动等)。康养用户会感觉你是个有心人,有爱心、做事细心,对老人无微不至。

3.知识干货类

只有分享出去的知识才有力量。对于康养用户和其家属感兴趣的知识类内容,康养项目员工可以在微信朋友圈多分享。比如,行业热点(康养新政策发布、解读等)、社会新知识(新名词、新现象、新产品等)、读书或观影心得(好书推荐、观影好评等)、医疗健康知识(养生、防病、疾病常识、护理知识、用药常识等)、兴趣爱好科普(书法、国画、朗诵、园艺等)、营养膳食普及(适老菜品制作、养生菜功效、时令菜单等)内容。

比如:今天给大家推荐一部非常精彩、又很烧脑的电视剧《开端》。该剧剧情精彩、演员演技爆棚、悬疑感强,半虚构半真实,从我追第一集开始就停不下来了,值得与大家分享!别担心,该剧不是冗长的连续剧,只有短短的十五集。

再比如:大家肯定都知道网络词汇 yyds 的意思了吧?对,就是永远的神。今天再来给大家普及几个最新的网络词汇:nsdd——你说得对;xswl——笑死我了;ssfd——瑟瑟发抖;bdjw——不懂就问;yygq——阴阳怪气;哎呀,写了这么多,真是 lswl(累死我了)。

4.热门话题类

这是一个不缺少话题的时代,话题不是被讨论完的,而是被下一个话题取代的。在微信朋友圈里进行话题的分享,可以展现价值观,引发用户的共鸣,创造朋友圈互动的场景。作为一个真实的人,肯定会时刻关注每天的新闻和热搜，比如科技、军事、娱乐、法律、生活等话题，康养项目员工都可以把其链接、图文发朋友圈展示，再配上自己的观点阐述，给用户制造互动的机会。

比如：这两天关于新增人口数量的话题又上热搜了，2021年全国新增人口仅为48万人，又创新低。老龄化社会来临的速度比我们想象的还要快。尽管我在康养行业工作，觉得康养服务的水平越来越好，居住环境也胜过家里，但想想等自己老了以后，如果周围都是老年人，心情还是有点沉重啊！

当然，员工在微信朋友圈分享的立场做到客观或中立，千万不能反社会、反人性，让人无法理解。

5. 借势营销类

借势营销是比较常见的一种手段。相比正面铺排的营销宣传，如果借势借得好，则更容易引起用户的关注和传播。比较经典的借势营销案例如杜蕾斯、蓝月亮等，不仅大量吸粉而且还扩大了品牌知名度。康养项目在私域运营时也可以学习这种方式，比如，新康养政策借势、行业内动态借势、名人和政府借势、热门话题借势、电视电影视频借势等。

比如：北京市民政局近日印发通知，决定开展"物业服务+康养服务"试点工作。非常荣幸，我们成为首批被北京市民政局选中的物业康养服务企业。终于能够让康养项目里的贴心服务来到您的家里和身边了，做康养，我们一直在路上！

再比如：哇，电影《长津湖》创造了1.22亿人观影、57.72亿元票房的奇迹，摘得了2021年度全球票房的桂冠，成为我国影史上的票房冠军！大家知道吗？我们的康养项目里就住着一位参加过抗美援朝的老兵爷爷呢！今天下午，我们邀请他来给我们讲一讲"长津湖"的故事。有没有和我一样期待听这个讲座的人呢？

这些借势的内容并不是强硬地植入广告，而是能够让用户觉得既"别有用心"，又"别具一格"。但是，借势中有个雷区，就是对于灾难、国难之类的内容千万不可借势营销，这是有不少前车之鉴的。

6. 个人相关类

康养项目应该鼓励做私域运营的员工把个人的工作、生活、感情、感悟在私域朋友圈进行分享，特别是阳光、积极、健康、向上的内容，更有利于搭建私域的人设。比如，美食体验、家庭温暖、加班辛苦、生活感悟、日常小贴士、打动内心的爱等内容，都可以发布到朋友圈。比如路途中的偶遇，可以这样说：今天真是惊喜，在地铁上偶遇了五年没见的大学室友，我们聊了一路却意犹未尽，于是相约周末再聚，看来真是应了那句话："海内存知己，天涯若比邻。"这种与个人相关的朋友圈，可以让用户更好地了解你，熟悉你，懂你。

7. 轻松时刻类

适度的幽默可以拉近彼此的距离，因为分享快乐是最低成本的沟通方式。严肃正统的朋友圈固然正确，但不讨巧。其实，在康养项目中做营销和私域运营的员工从年龄上讲，大部分都属于用户的孙子辈，因此不妨多制造一些轻松氛围，给生活加点料。在发布朋友圈的素材中多加一些笑话段子、土味情话、工作生活轶事、抖音热门视频模仿、广告视频模仿等内容。

比如：#每天轻松一刻#奶奶说："做人一定要有恒心和毅力，别看我没上过学，可我几十年来天天坚持看报。"孙子问："奶奶真厉害，我要向您虚心学习，您每天都看什么报呀？"奶奶回答："天气预报。"这种笑话会让用户在会心一笑的同时，还能记住你。

8. 互动信息类

在日常发布的朋友圈中，经常会有与用户互动的内容，比如征求意见、问卷调查、话题发起、活动设计、文案征集、有奖问答、点赞有礼、活动预告、个人求助等。员工在发布这类内容时语言要委婉、客气一些，不要生硬地发个链接后就不管了。比如：又要麻烦各位爷爷奶奶了，领导交代的任务我绞尽脑汁也不知道怎么完成，为了不被骂，只好求助朋友圈了，求大家关注。这种方式会带来更好的互动效果。

大部分的康养项目都会要求员工在朋友圈转发企业品牌宣传的各类信息。那么，在做私域运营的员工的朋友圈里要不要转发品宣类的内容呢？这里建议最好不发，或者是尽量少发。原因有两个：一是私域微信朋友圈里的用户已经对康养项目有了一定程度的了解，否则他们也不会被引流到私域里，真正吸引他们去传播的不是品宣类信息，而是价值类信息；二是私域朋友圈要表现的是一个真实而生动的人，这样才有利于建立用户信任关系，如果经常发布关于康养企业品宣类的内容，那么，私域朋友圈在用户心中的标签就变成一家企业了。

本节介绍了两个大类、十八个小类的微信朋友圈发布内容，当然，内容的形式不只有图片和文字，还有音频、文章、视频、直播等，关于内容创作形式，会在本书的第八章中具体介绍。

发布微信朋友圈的实用技巧

对于康养项目的私域流量运营来说，因为康养项目员工可以高频率、反复地触达用户，所以，他们发微信朋友圈、发微信群的动作可以在每时每刻进行。但是，掌握什么样的节奏和频率才会让用户的感受最好，进而引发用户互动，是值得康养企业探究的运营技巧。

一、设计好发微信朋友圈的详细计划

私域运营中，每天发朋友圈的条数不宜太多，因为过于频繁地在朋友圈刷屏会引起用户反感、屏蔽甚至取关。一般来说，每天发布的消息最多4~6条，要做到少而精。发布朋友圈的时间也是需要计划的，最能引起用户关注和互动的黄金时间段有四个，具体内容如表5-1所示。

表5-1 微信发朋友圈的计划安排

序号	适合的时间段	朋友圈条数	适合内容类型	不适合内容类型
1	7:00AM—9:00AM（正能量）	1	日常打卡、日常关怀、项目环境、用户状态	营销类内容、大篇幅阅读型内容、互动性内容
2	11:30AM—13:30PM（广告时间）	1-2	热门话题、借势营销、服务故事、丰富生活、知识干货、会员权益	环境照片、励志心得、个人相关、团队精神
3	17:00PM—19:00PM（轻松时刻）	1-2	轻松一刻、营养膳食、优惠福利、活动通知	大篇幅阅读型内容、服务故事、严肃知识干货
4	20:30PM—23:00PM（情感时间）	1-2	团队精神、互动性、知识阅读型内容、个人相关	各类内容活跃度高，尽量不发营销类内容

1. 正能量时间

第一个黄金时间段是早上 7：00~9：00，通常被叫作正能量时间。原因是在这个时间段人刚刚起床，心情最好，心态也比较放松和开放，容易接受新事物、学习新东西。因此，员工在这个时间段发布 1 条朋友圈比较合适，因为康养用户一般在早上也会比较忙，晨练、买菜、接送孩子等任务较多，所以，员工不要一早上就在朋友圈刷屏。

在正能量时间段内，适合发布以下内容：

（1）日常打卡类：早安帖、鸡汤类、天气预报、历史上的今天等；

（2）日常关怀类：节气海报与问候、嘘寒问暖、大事提示等；

（3）项目环境类：朝霞美景、项目清晨、园林小品、鲜花翠竹等；

（4）用户状态类：晨练身影、晨读时光、晨起寒暄、晨间陪伴等。

在此时间段不宜发送营销类的内容（用户易反感）、大篇幅深度阅读型内容（造成阅读压力）、互动性内容（早上康养用户一般比较忙）。

2. 广告时间

第二个黄金时间段是中午 11：30～下午 1：30，通常被称作广告时间。在这个时间段，子女或家属都去上班了，孙子孙女去上学了，老人一般会独自在家午餐和午睡，有时间干点自己的事，做一些个人的规划和安排。在这个时间段员工发送 1~2 条朋友圈比较合适。

在广告时间段内，适合发布以下两类内容：

（1）品宣营销类：项目宣传资料、营销活动计划、参观体验邀约、优惠福利活动、品牌海报文案等；

（2）丰富内容类：热门话题、借势营销、服务故事、多彩生活、知识干货、会员权益等。

发布这两类内容的主要目的，就是宣传康养项目，引发用户兴趣和关注，因此，在这个时间段发送的内容要更聚焦，其他的诸如康养项目环境照片、励志心得、个人相关、团队精神类的内容，可以另选时间段发送。

3. 轻松时刻

第三个黄金时间段是傍晚 5∶00~7∶00，通常被叫作轻松时刻。很多大家庭在这个时间段是家庭时间（Family Time），一家人其乐融融地吃晚饭、聊天；也是老人独处的悠闲时刻，可以享受晚饭后散步或看电视的时光。在这个时间段发送 1~2 条朋友圈比较合适。

在轻松时刻时间段内，可以多发送如下类别的信息：

（1）轻松一刻：幽默笑话、开心视频、搞笑日常等；

（2）营养膳食：配合这个时间段，发一些饮食相关的内容；

（3）优惠福利、活动通知：便于与家人一起讨论，可以利用好沟通环境。

在这个时间段要尽量照顾到人们的心理特点，不要发送容易给人带来压力和紧张情绪的内容，像大篇幅阅读型内容、服务故事、严肃知识干货等，可以换个时间段发送。

4. 情感时间

全天最后一个黄金时间段是晚上 8∶30~11∶00，通常被叫作情感时间。在这个时间段，大家一般都会独处，会阅读，会浏览网页，会思考，会学习，也最容易产生共情时刻和情感共鸣。所以，此时发送 1~2 条朋友圈比较合适。

在这个时间段，发送内容可以参考以下类别：

（1）团队精神类：励志拼搏、团队协作、项目优秀服务案例等；

（2）互动性内容：调查问卷、话题参与、活动报名等；

（3）知识阅读型内容：长篇深度图文、视频、知识型店铺等；

（4）个人相关：人生感悟、工作心得、读后感、观影日记等。

除了直白的营销广告之外，在这个时间段，一般用户对各类内容的接受度都比较高，用户也有时间去认真浏览、认真思考所接收到的相关信息。康养项目员工可以抓住这个时间段尽力去吸引用户，创造互动机会。

如果按照上述四个黄金时间段，康养项目员工每天安排发布朋友圈的计划，从内容上讲还是不少的。如果再扩大时间范围，员工每周至少可以发送几十条内容；员工每月发送朋友圈的内容能达到上百条。要想把发送出去的上百条内容都做到足够精准、足够精彩，并不是一件容易的事。对于专业的私域运营团队来说，可以进行人员分工，有专人搜集素材，有专人编辑文案，有专人进行内容产出。同时，也可以参照表5-2来准备计划性表格，按照计划发朋友圈。

表5-2 微信朋友圈运营一周素材计划表

朋友圈运营一周素材计划表							
发布时间	周一	周二	周三	周四	周五	周六	周日
7：00am—9：00am							
11：30—13：30pm							
17：00pm—19：00pm							
20：30pm—23：00pm							

康养项目员工可以把要发布朋友圈的素材内容按照时间段填写在表格中，这样可以一目了然，如哪些内容已经完成了，哪些内容还需要挖掘创作，而且这样做的好处是计划性非常强。

二、发布朋友圈的技巧和注意事项

微信朋友圈是私域运营的重要阵地，也是康养项目成功打造IP的重要组成部分。除了发布朋友圈的内容和计划之外，还有一些注意事项，也是康养项目在私域运营中建立信任环境的关键。下面归纳了十个注意事项，供大家参考：

（1）坚持原创。在私域运营发布的朋友圈中，一定不要转发太多别家的内容，大家要把每周转发的内容量控制在总数量的10%之内。要坚持内容原创，用心做，用爱传递，传递你的康养项目的特质和长期价值。

（2）保持态度。私域运营要有一以贯之的三观（世界观、人生观、价值观），不要因为更换员工、管理架构调整而对所产出的内容的精神内涵有影响，这一点非常重要，否则会让用户感觉企业不靠谱、朝三暮四、功利势利。

（3）了解用户。我们要时刻知道屏幕前的是谁，康养用户就是长辈和家属，他们的年龄、时代背景、价值观、语言习惯、情感烙印、成长经历等，都是我们在做私域运营时要考虑到的问题。内容不能跳脱感太强，否则容易产生沟通代沟与障碍。

（4）发帖三思。针对每一条要发出去的朋友圈内容，我们在发布之前都要多思考几遍：发此帖的目的是什么？我想让什么人看到？内容这么写合适吗？会不会产生负面效果？三思而后行，可以无忧矣。

（5）轻松文案。太严肃刻板的文案读起来像公文，感觉太累又不讨巧。无论是哪类朋友圈，我们都需要学会使用轻松的语言表述，自带娱乐的精神更有人情味。

（6）学会配图。在朋友圈除了发送链接和视频外，只要发送文字，一定都要配图。在用户滑到你的这条朋友圈时，最先抓住他们眼球的是图片，然后才是文字。单图比长图效果好，单图比六宫格图、九宫格图效果好。文字和图片要对应，不要驴唇不对马嘴。

（7）巧用评论。遇到太多文字的内容，要把正文做简化，把信息放在评论里进行补充。要把重要评论回复给所有人（如时间、地点、价格、链接等信息）。在评论区里还可以进行有奖互动。

（8）适度营销。康养的私域运营不等同康养营销，康养项目员工要多传播生活方式、传递爱，提供长期价值和复合价值。

（9）全部可见。不要选用三天可见、一个月可见、半年可见等微信的隐私设置功能。保证朋友圈全部开放、全部可见，就是开放信任的窗口，也会让用户更加充分地了解你。

（10）定期清理。因为设置了朋友圈全部可见，所以就要坚持定期清理。只保留精品内容，互动话题、活动通知、日常打卡等这些阶段性的内容可以及时清除，使你的微信就像一本精选杂志，值得反复阅读和玩味。

三、互动技巧和注意事项

发朋友圈的目的就是为了引起用户关注、互动和传播，其具体表现为点赞、评论、转发和在看的互动形式。值得注意的是，这四种互动形式是双向的、有来有往的，并不是单纯地守株待兔、等待用户来我们的朋友圈里互动。我们要经常为用户点赞、评论、转发有价值的帖子，这样才能形成亲密关系，营造好的互动环境。为此本书总结了八条小技巧，供大家参考。

（1）有规律、有计划地运营：我们可以把发朋友圈和互动两件事分开时间来做，发朋友圈按照黄金时间段原则进行，而互动可以在每天安排好的固定时间进行，这样有计划的做法，不会让你因为忙起来而忘记了主动和用户互动或者忽视某些用户发的帖子。

（2）评论比点赞更重要：点赞只能说明你关注了这条帖子，而评论却是拉近关系的重要手段，所以不要光点赞，要尽可能多地为用户评论，把你心里想说的话用文字表达出来。

（3）用好评论句式：给用户评论时要多用赞美和提问等更容易引起互动的句式。比如，你可以评论道：哇，您的摄影技术太棒了！／您的这句话真的触达到我的内心了，深表认同！／这是在人民公园拍的景色吗？真好看，改天我也要去露个脸。

（4）避免功利心太强：不要逢帖、逢人必评论、必点赞。用户发朋友圈的内容各种各样，我们要保持真实、生动，根据个人喜好和价值观进行互动，不要单纯地为了和用户互动而互动。

（5）好奇心引发关注：发送带有神秘感的内容更容易获得互动机会。比如在朋友圈发布：今天又完成了一件大事，了却了我几年的心愿，大家猜猜是什么？可以从图片中找到线索哦！再比如：今天是李奶奶和张爷爷的金婚纪念日，我们共同密谋了一个小惊喜，大家猜猜是什么，答案晚点揭晓。这样的内容增加了悬念和趣味性，更容易引发用户的好奇心。

（6）有奖激励互动：当康养项目计划做一些活动时，可以在私域朋友圈通过有奖互动方式激发强互动效果。一般采用的形式是：评论或点赞的用户都有礼物；第几位评论或点赞的用户有礼物；超过多少人评论点赞后，活动折扣的力度达到多少。这种激励方式配合快闪群的运营一起来做，效果更好，本书在第六章中会具体讲到。

（7）三个典型错误：在互动过程中一定要避免以下三个典型错误。一是用户不开心的表达被你手滑点赞，如用户生病、住院、去世、其他各种烦恼的帖子。二是不要随意发表评判性的文字，比如：我觉得这件事您做得不对。／这个观点我不敢苟同！／要是我来做，我会这样做。／这件衣服的颜色不适合您。三是尽量不要在评论区统一回复，这样做会让用户感觉失落、不被重视，就算回复内容基本一样，也要坚持逐个回复用户，针对特别重要的信息，再在评论区统一回复。

（8）三个正确方法：一要切记坚持关注用户、主动与用户互动；二要坚持用心说话，说真话；三要坚持适度赞美，保留个人价值观。

小结与演练

在本章我们讲解了如何运营私域微信号的朋友圈，分析了发朋友圈的六个误区，告诉大家如何围绕信任公式去发朋友圈。同时我们归纳了康养项目私域运营的朋友圈应该发送的具体内容，并且总结了发朋友圈规划、技巧和注意事项。朋友圈运营就是要建立起信任环境，而为了建立信任，就要做一个真实的自己，高情商地为用户提供价值。

演练建议：

1.自行诊断你的康养项目以往发送的私域朋友圈，哪些落入了发朋友圈的误区？哪些符合发朋友圈的公式？

2.结合本章内容，来制订你的朋友圈运营素材计划吧！

举一反三：

很多企业要求所有员工随时转发企业的朋友圈内容，你如何看待这种情况？

第六章
微信群——保持黏性

微信群是私域流量运营中的第二个主场景。如果说朋友圈运营的目的是搭建信任环境,那么微信群运营的目的则是为了保持与用户的长期黏性。

微信群与社群的关系

康养项目员工在做微信群运营时,经常会遇到一个问题,就是不太能清楚地区分社群和微信群的关系,有的项目管理人员把微信群当作社群来做,有的项目管理人员认为社群其实就是微信群。这其实是一个误区,我们在讲微信群运营之前,有必要厘清社群和微信群之间的关系。

一、社群是什么

1.社群的概念

直白地说,社群就是一群聚集在一起的人。

(1)聚集的目的,可以是共同的爱好、需求、话题、价值观或者为了完成同一件事等。

(2)聚集的时间,分短期和长期,这和聚集的目的相关。

(3)聚集的人,有不同的角色分工,如倡议者、组织者、KOL、跟随者等。

2.社群的整体形式

社群的聚集,可以是以线上的形式,也可以是以线下的形式,或者是以"线上+线下"的形式,如图6-1所示。

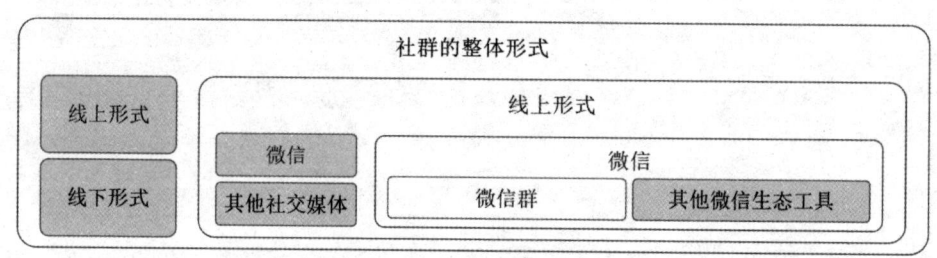

图6-1 社群的整体形式

在线上的社群聚集形式中，用户可以通过微信、微博等社交平台聚集，也可以通过其他新媒体平台聚集，如抖音、美篇、知乎、小红书等。而微信平台又可以细分为微信群和其他微信生态工具，如视频号、公众号、小程序等。

所以从图6-1中我们可以看出：微信群只是线上社群聚集形式类别中的一种。我们不能以偏概全，认为微信群就是社群。

3.社群的意义

社群是人与人深度连接与价值交换的空间。而微信群只是一个交流信息的载体，它也是社群的载体之一。社群是一个生态体系，是可持续发展的。而微信群往往会随着价值的消退而逐渐失去热度和生命力，直至消失。

二、微信群和线下社群的对比

微信群作为社群的线上形式之一，它与社群的线下形式相比较，有哪些优势和劣势呢？详见表6-1。

表6-1 微信群与线下社群的优劣势对比

	优势	劣势
微信群	①参与度灵活 ②不受时间和空间的限制 ③裂变传播速度快 ④可嫁接新的线上玩法，如直播、商城等 ⑤可分享的内容形式多样化	①无法实现面对面交流，获知用户的真实想法 ②参与度受话题和组织者的影响大 ③时间跨度分散 ④和提供价值相关，不稳定性强
线下社群	①集中、统一的目标和话题 ②清晰的规则 ③时间集中、参与度较高 ④社群较为稳定	①加入有门槛，进退不灵活 ②活动时间和空间受限制 ③以线下活动为主，形式单一

对于微信群来说，其优势显而易见：①用户参与度灵活，可以随时进入，也可以随时退出；群主可以随时拉新，也可以随时拉黑，操作便捷。②不受时间、场地、季节、天气的限制。③裂变传播速度快，在移动互联网时代，通过微信群可以产生指数级的用户聚集现象。④可嫁接很多新的线上玩法，如直播、商城、团购等。⑤可分享的内容形式多样化，如图文、音视频、教学课程、游戏、H5交互、VR等，都可以通过微信群进行传播。

当然，作为线上传播平台，微信群也有一些不足：①无法实现面对面交流,很多用户的个人情绪会隐藏得较深,康养项目员工无法获知用户的真实想法。②线上用户的参与度和活跃度易受群体意见和KOL的影响。③时间跨度分散,用户在闲暇时才会关注微信群,不像线下社群活动时间那样集中。④微信群用户的连接方式不如线下社群牢固,不稳定性强,对预期价值不满意的用户会随时退出。

对于线下社群来说,其优势也是十分明显的:①线下社群活动一般都会有统一的主题,用户行动一致,目标明确。②有清晰的规则,包括如何参加、如何退出,以及费用和活动机制等,内容完整明确。③社群活动时间集中、参与度较高,利于社群用户养成习惯。④有统一的组织,用户黏性较高,需求较为一致,彼此关系亲密,稳定性强。

同样,线下社群也存在一些劣势:①加入门槛较高,进退不灵活,受组织者的约束较大。②活动时间和空间受限较多,不如线上形式灵活。③以线下活动为主,活动的时空范围局限性较大,传播效果有限。

通过对微信群和线下社群优劣势的比较,我们可以看出:随着连接方式和传播方式的改变,优质的社群组织形式应该采取线上线下相结合的方式,这对康养项目的私域运营和社群运营尤为重要。

我们较为熟知的一个案例就是马寅做的阿那亚项目,其凭借优秀的社群运营能力而广为人知。

阿那亚项目早期是一个地产项目,因为去中心化难度大,使得运营者背负着巨大的压力,不得已才转变思路,开始尝试定位城市年轻家庭度假群体,在出售和租赁的双重经营模式下,把阿那亚社区逐步打造成了一个融合家庭度假、艺术鉴赏、文化体验、彰显个性的社区。从这个角度来看,在社群的概念上它符合我们所说的"一群人聚集在一起,有共同的目的(度假、休闲、品味和娱乐)"。在聚集时间方面,一般是周末和暑期人员多。聚集的人来自不同行业,大家都发挥着自己的特长,组织并参与各种类型的文化活动。所以阿那亚的社群首先是从线下酝酿和发展起来的。

马寅实际上做了三件事。第一件事是鼓励社群的发展,给资金、给场地、给平台、给宣传,让社群可以蓬勃地发展起来,让这些年轻家庭更有存在感和价值感。第二件事是有效地嫁接了线上社群形式,把原有的业主微信群通过优质的服务和互动,变成了线上用户之间的有效纽带和桥梁,也可以更好地与线下社群相结合,达到更好的传播效果。第三件事是引入并搭建了很多艺术空间、文化活动和文创产品,提升了阿那亚社区的趣味性和格调。

阿那亚项目是线上和线下社群运营有效结合的经典案例,值得康养项目社群运营的管理人员汲取精华、借鉴经验,深入研究和学习。

三、运营微信群的常见弊病

据有效数据统计,每天会诞生250万个微信群,一个微信群的平均存活时间是36天。

我曾见过某康养项目雄心勃勃地想做私域运营,刚开始它就树立了宏伟目标,一个月要涨到1万粉丝,一年内要涨到10万粉丝,并大规模建立社群(其实只有微信群),发动所有员工广泛拉新,500人的群建了十几个。营销人员每天都会在群里发送品牌宣传的相关内容,并邀请用户参观。刚开始还有几个用户会在群里询问和交流一下,但慢慢地,群里只剩群主在发声了,纯属自说自话。还没熬到第四周,大部分群就变成了僵尸群,大量用户退群,轰轰烈烈的建群拉新运动就此告一段落。

类似的例子其实不少,康养项目的微信群私域运营容易产生以下误区。

1.盲目拉新

要知道,不是所有私域流量池中的用户都可以成为微信群的用户。盲目拉新,如让用户拉新、奖励裂变、只追求规模而不讲求质量,会导致微信群里的用户没有共同属性，用户的价值需求不一致，这样的微信群很难长期生存下去。

2. 缺乏认同

由于没有共同属性，用户像一盘散沙，加之有些康养项目员工不太懂私域的运营方法，没有提供长期价值的运营机制，使得用户缺乏社群认同感、集体归属感和价值满足感，导致该微信群最终无法凝聚成有效的私域社群。

3. 组织无效

私域流量运营是营销管理的新领域，它需要有效的组织架构、人员编制、岗位分工，从业者要经过严密设计、严格培训、严肃演练，才能上手。很多项目盲目地把私域运营归为市场营销的范畴，让营销部门自己去开展工作，其结果往往是底层逻辑出问题，管理架构不准确，目标设置有偏差，组织形式欠考虑，个人能力有上限。

4. 内容匮乏

前文中我们讲过，对于高价值、低频次的产品，在进行私域运营时，要坚持内容为王。很多康养项目员工在私域社群内分享的内容过于单一，内容产出多以营销广告和品宣资料为主，没有经过精心规划，无法保证优质内容的持续产出，更没有对标私域用户的画像与需求。

5. 急于变现

有些康养项目建立的微信群，借鉴、学习了现在流行的电商直播模式，开发了线下辅具产品和老年商品，结果微信群变成了电商粉丝群，推广的都是商品链接，而没有康养项目最为核心的复合价值的传播。其实，康养项目的目标用户群体和潜在用户群体，与目前主流的青年用户群体有着很大的区别，如在购买意愿、购买能力、消费关注点等方面。不能因为康养项目急于变现，而背离了其私域运营的初衷。

通过以上误区告诫康养项目员工，无论是微信群还是社群，都要有用户分析机制，康养项目私域运营的核心是要为用户提供长期价值，只有这样，项目的私域运营才能长久。做康养项目的微信群私域运营，一定不要受互联网短、平、快思维的影响，这两者在本质上有着天壤之别。不要急于转化成交，只有运营好有效流量，其最终才会转化成有效购买力。

微信群的分类与组建

上一节讲到了一些康养项目员工在做微信群私域运营时的误区，而要有效解决这些问题，就要在建立微信群前未雨绸缪，有的放矢。我们应该学会如何进行私域微信群的分类组建。在本书第四章的第一节中，我们谈到了如何对引流到私域的用户进行分类，大家可以结合这部分内容来学习本节。

一、私域微信群的甄别机制

建立用户分析机制就是要找到有共同需求和共同属性的用户，建立起微信群的门槛。尽管康养项目的用户都有康养需求，都被引流到了微信的私域流量池中，但不同用户的需求和状态是完全不一样的。我们可以结合用户不同的需求和状态来设立门槛。以下是五类门槛的设置方式，可供参考，如图6-2所示。

身份类门槛	兴趣类门槛	知识类门槛	信息类门槛	付费类门槛
・入住长辈 ・入住家属 ・体验长辈 ・电访客户 ・参访客户 ・会员级别	・合唱声乐 ・书法绘画 ・手工制作 ・模特走秀 ・朗诵戏剧 ・运动球类	・养生健康讲座 ・美食制作分享 ・老年大学课程 ・理财投资知识 ・国家政策解读 ・读书影评沙龙	・养老行业资讯 ・养老企业动态 ・优惠福利红包 ・项目进度活动 ・长辈生活情况 ・管理服务进展	・会员权益平台 ・专家问诊活动 ・专属理财产品 ・大咖互动活动 ・绿色膳食闭环 ・VIP专享服务

图6-2 康养用户私域微信群的门槛设置方式

第一类是身份类门槛，我们可以按照用户的身份来设置门槛，建立不同的微信群，形成不同的类别，如入住长辈群、入住家属群、体验用户群、高意向用户群、来电用户群、不同级别的会员群等。

第二类是兴趣类门槛，我们可以按照用户的兴趣爱好来设置门槛，把拥有相同爱好的用户拉到同一个微信群中，便于未来进行运营，如合唱群、模特群、书法群、摄影群、文学群、园艺群、朗诵群、乒乓球群等。

第三类是知识类门槛，可以将知识需求不同的用户放在不同的微信群里，这样我们在私域流量运营中就可以相应地提供不同价值的内容。如为对养生和健康内容感兴趣的用户建立养生保健群、为对深度学习感兴趣的用户建立老年课堂群、为对艺术鉴赏感兴趣的用户建立文化沙龙群等。

第四类是信息类门槛，康养项目中的不同用户渴望了解的信息是不一样的，有的用户对优惠福利和体验活动感兴趣，那我们可以把这类用户集中在优惠福利群里；有的用户对项目的建设进度、试运营和体验中心感兴趣，那我们可以组建项目官方用户群，实时通报项目的相关情况；有的用户只对我们的服务能力和入住长辈的状况感兴趣，那就组建相应的服务内容分享群，让用户可以实时看到有价值的内容。

第五类是付费类门槛，微信群提供的信息与服务不一定全是免费的，针对一些有特殊需求的高品质用户，我们可以建立付费门槛，单独组群，把他们与免费用户区分开来。比如，在康养项目开业前可以通过收前期会员费锁定用户，单独进行微信群运营；比如，针对一些高品质课堂，可以采取按年收费的形式，把有更多学习意愿的用户通过微信群组织起来；再比如，针对对投资理财感兴趣的用户，可以建立收费的理财知识群，提供高价值的服务，这也是一种进阶的社群关系。

以上列举了微信群门槛设置的五个种类，但这并不代表针对每种门槛都要设置不同的微信群，在私域流量运营中，微信群的质量是第一位的，数量放在其次，关键是要有运营某个类别的微信群的能力。康养项目的微信群的设置，还要结合项目自身的具体情况和用户定位，这样才能让同一个微信群中的用户有相似的需求和共同点，才能在接下来的运营中通过产品和服务进一步实现转化。

至于在康养项目的私域流量运营中要建立多少个微信群，取决于三个方面：一是用户画像和目标客户群。如果你的项目的主要客户群是刚需护理型用户或失智照护型用户，那你的微信群不能太多，因为用户需求聚焦，类型基本一致；但如果你的项目是活力型社区，那么用户的迭代周期更长，价值提供方式更多样，用户需求更具复合性，单一的微信群恐怕难以提供长期的复合价值，为了逐步筛选和运营社群，需要组建更细化的微信群。二是私域流量运营的目的。如果你做私域运营只是为了扩大流量池，通过宣传项目、邀约体验来筛选高意向用户最终转化成交，那微信群的数量不能太多；如果你的目的是突破线下营销和运营的边界，与用户建立更有效的连接方式，让社群更专业，让项目IP更显著，让用户的黏性更强，那你的微信群需要更分化、更专业的运营。三是私域运营能力。有效的组织架构、人员分工、专业指导和工作SOP非常重要，能让你同时轻松驾驭内容产出、朋友圈运营、多个长期群运营、"线上+线下"活动运营，否则就算你运营再多的群，也会有解决不了的问题。

当我们设置了微信群门槛后，可通过用户分析机制来组建微信群，这时候一定要规避盲目拉新的情况。我们要使用好群管理功能，在设置中的群聊邀请确认处，设置群主同意才能拉新，这样可以确保门槛的有效性。此外，要编写好群公告，公布微信群的组建目的和群规则。比如，用户拉新须经群主同意，禁止在群内发布外部广告、不良言论和链接等，让所有群用户共同遵守群规则。

二、私域微信群的时间分类

在日常生活和工作中，组建微信群都是有目的性的，有的是长期目的，比如家庭群、同事群、生意伙伴群，这是一种长期关系的连接方式。还有同行出游、临时会议、短期活动等具有短期目的的微信群，其存在的时间就会比较短暂。

在私域流量运营中同样会遇到类似的情况，我们可以按照微信群的运营周期，把微信群划分为长期运营群和短期快闪群。

1.长期运营群

长期运营群是在私域流量运营中，为用户持续提供内容服务与长期价值的群，其目的在于与用户建立稳固的信任关系。在传播项目IP的过程中，通过不断扩大私域流量池，不断迭代用户，实现有效传播和转化成交。

我们前面讲述的有门槛的微信群，大部分都属于长期群。

（1）有兴趣类门槛的长期群——兴趣爱好是个长期的过程。

（2）有知识类门槛的长期群——对知识的追求永无止境。

（3）有信息类门槛的长期群——服务内容和品牌价值总在不断提升。

（4）有身份类门槛的长期群——用户总是有进有出，但类别不变。

2.短期快闪群

快闪微信群是为了实现某一短期目的而成立的群，只在某一时间段内有价值提供，且在此时间段内用户高度聚集，而随着价值提供的结束，用户的兴趣也迅速归零。快闪微信群最大的特点就是以解决具体问题为导向，用户即用即走，体现了线上社群的工具价值。

以下类别都可以通过组建短期快闪微信群来实现目的。

（1）短期优惠福利报名——限时限量，先到先得。

（2）爆款适老化商品购买——数量封顶，抢光为止。

（3）短期体验产品——限量发售，过时结束。

（4）活动类（讲座、旅行、晚会等）——时间明确，目的单一。

有些康养项目员工会犯一个错误，就是喜欢把一些具有短期目的的事情也放在长期群里去做，而将微信群按照运营周期进行分类，就可以很好地避免这个问题。我们可以非常清晰地看出长期微信群和快闪微信群的不同，临时组建的快闪微信群对长期微信群不会造成影响，也不会给用户带来无效信息的困扰和压力。

三、私域微信群的组建方式

康养项目的私域微信群的组建方式和电商模式下的快消品行业微信群的组建方式有所不同。电商和快消品行业往往会通过发放免费红包、优惠券的方式，将用户引流到私域流量池中，组建微信群，再通过裂变玩法扩大用户流量池，通过爆款产生复购。在这里，我们把康养项目私域微信群的组建方式定义为：O2O2O。具体来讲，就是 Offline to Online to Offline，即从线下到线上，再结合线下的组建方式。

1. 从线下开始——强关系、冷启动

从线下开始，是指微信群的用户甄别和选择，而不是从线上的私域用户中直接拉群。

强关系：与已入住用户建立关系、接待高意向用户参观访问、在体验活动中发现符合门槛的用户，这些线下场景都便于我们去寻找有共同属性、价值观、门槛的用户。正所谓"人以群分"，通过线下活动场景能很好地识别用户。

冷启动：针对康养项目私域微信群，不宜搞大范围的热度拉新和宣传推广，也不要轰轰烈烈地去做追求数量的裂变，而要放慢节奏、精心打磨，有针对性地挑选项目的种子用户，这样建立起来的微信群，其与用户之间的关系才会更稳定而长久。

特点：从线下开始进行种子用户选择的方式更符合康养项目的私域特点，我们可以通过与用户的线下接触，建立起初步的信任，在沟通中掌握用户的基本需求，这样筛选出的种子用户才会更精准。

2. 后引流线上——多维度、深联络

后引流线上，是指针对通过线下场景选择出来的种子用户，把与他们的连接关系迁移到线上，对用户进行精准分类并建立微信群，形成线上连接场景。

多维度：在线下和线上双重场景与用户进行互动与沟通，建立起多维度的联系。线下与用户的互动更直接，面对面沟通更高效；线上则形式更灵活，满足用户需求的方式更多样。

深联络：基于线下信任建立起来的关系，再迁移到线上，比单纯通过互联网裂变而来的新用户的黏性更强，更容易对话和互动。同时，丰富的线上触达方式让我们与用户不断相逢，用户留存率高。

特点：在康养项目的线下场景中，无论用户是致电咨询、前来参观，还是参与活动，都属于低频次触达，即使用户多次复访项目，中间也会存在较长的空档期。而把线下场景中的用户引入线上微信群中，会极大地提升触达频率，通过更多的互动场景，可实现对这些潜在客户群的有效连接与维护。

3.再结合线下——高磁场、热运营

再结合线下，是指建立了私域的长期微信群后，要继续结合线下活动与用户互动，不断增强用户黏性，并进行用户迭代和线下拉新。

高磁场：线下活动有很强的仪式感和磁场效应，其主题、内容更聚焦，会吸引更多有明确需求的用户，也有利于熟人拉新和用户裂变。

热运营：将私域流量运营工作的重点放在运营上，通过线下活动运营不断烘托气氛，加强关系，聚集人气；同时，可以通过线上的微信群为线下活动做预告、做预热、做回顾，把群越做越热。

特点：线下场景是康养项目私域流量运营中不能忽视的一环。从某种意义上来说，私域流量运营不单指线上，如果在线下场景中同样能直接且多次地触达用户，那么这也属于私域流量的范围。由此看来，除了朋友圈、微信群外，康养项目私域流量运营的主场景还应该包括线下场景。

如何有效运营长期微信群

网上流传着这样一个段子：

专家经过研究认为，对于一个温馨的群，一个活跃的群，理想的构成是这样的。

（1）要有一个很"单纯"的群主。

（2）要有几个睡得晚、起得早的失眠者。

（3）要有时不时蹦出几句冷笑话的疑似思想家。

（4）最好还要有几个文人骚客。

（5）要有几个有事没事经常对掐的好友。

（6）要有几名不甘老去的世俗愤青。

（7）要有掌握各种小道消息的"内部"人士。

（8）要有一位甘愿受虐、经常挨骂并被戏谑的好对象。

（9）要有几个风姿不减当年的"万人迷"。

（10）要有几个记忆力超强的"超级大脑"。

（11）要有几个三天两头晒养生知识的专家。

（12）要有几个视金钱如粪土，时不时发红包的爱心人士。

（13）要有一名正襟危坐，时刻维护群规的"纪委书记"。

（14）要有一位经常身在海外，心系本群的时差先生或女士。

（15）要有一位经常请客，甘愿买单的隐形富豪。

（16）要有一个每天风雨无阻，准时升群旗、带头唱群歌的标兵。

（17）要有几个爱发各种搞笑段子、搞笑视频的奇才。

（18）要有几个爱发心灵鸡汤的"万能人生大师"。

（19）还要有经常操办各种聚会的群众"饭醉"领袖。

（20）最后，也要有多个一言不发、宁愿憋死也决不退群的基础成员。

这个段子说明，要想把微信群运营好，是一件多么不容易的事。太有活跃度但组织散乱的群容易变成乱群，大家各类信息乱发一气，只是为了图个热闹；没有活跃度的群容易变成死群，死气沉沉，没有存在的意义。如果群成员意见多，群主不好当，群成员有一直潜水的，也有想自立山头的，想让一个群长治久安下去,气氛和谐是第一要务。

在康养项目的私域流量运营中,要想把一个长期微信群有效地运营起来,也不轻松。结合以往的实践经验,本书总结了康养项目长期微信群成功运营的四大关键要素:门槛和需求、治理和自治、线上价值分享、结合线下场景。

一、门槛和需求

在"微信群的分类与组建"一节中已经论述此部分的内容,此处不再赘述。

二、治理和自治

1.治理

长期微信群的治理是指要打造微信群的规则与亚文化,一般来说,日常治理工作是由群主负责的,由其来行使组织、管理、协调、实施的职能。

(1)制定群规则。

俗话说:"无规矩不成方圆",必须制定微信群规则,否则容易出现"劣币驱逐良币"的现象。当群中出现乱发广告、转发各类链接和无价值信息的现象时,会使原本对长期微信群有更高价值期望的用户退群。群规则也不用制定得太复杂,应主要包括以下六项内容。

①是否使用实名制?群昵称的命名规范(如姓氏/年龄/性别/原职业等)。

②是否可以发广告?发广告的规则是什么?

③是否可以转发外部链接?哪些内容可以转发?

④拉新要经过群主或群管理员同意。

⑤创建健康向上、和谐友善的群氛围,不信谣、不传谣,不发政治敏感信息、淫秽色情信息、低俗媚俗内容等。

⑥出现群内用户吵架、发广告、恶意散布流言等问题时的处理流程。

起草群规则后,应经群成员讨论、发表意见,通过后可将群规则写在群公告处,或制定成单独的文档、链接,要求新老用户共同遵守。

（2）塑造亚文化。

亚文化是指小集体文化或副文化，它与康养项目的主文化相通，但同时又具备自己的鲜明特点。亚文化代表了一个微信群的文化认同感和价值元素，好的群文化氛围可以增加群成员的认同感，帮助大家形成统一的价值观，增强凝聚力。塑造优秀的亚文化，可以从以下五个方面着手：

① 组织大家讨论，取一个大家都认可的群名，让群名符合本群的定位和大部分用户的需求；

② 鼓励大家一起制定群口号、群LOGO、旗帜、服装、纪念品等（可以由康养项目员工进行协助）；

③ 共同制定群目标和任务，如学习打卡、线下活动的频率等；

④ 讨论制定群费收支和管理规则等；

⑤ 分配并赋予用户不同的群角色，调动群成员的活跃度。

长期微信群的用户的群角色很关键，具体内容如图6-3所示。

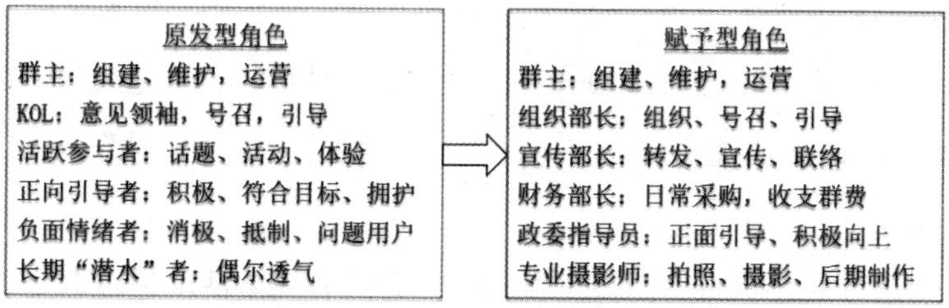

```
原发型角色                        赋予型角色
群主：组建、维护、运营            群主：组建、维护、运营
KOL：意见领袖、号召、引导         组织部长：组织、号召、引导
活跃参与者：话题、活动、体验      宣传部长：转发、宣传、联络
正向引导者：积极、符合目标、拥护  财务部长：日常采购、收支群费
负面情绪者：消极、抵制、问题用户  政委指导员：正面引导、积极向上
长期"潜水"者：偶尔透气            专业摄影师：拍照、摄影、后期制作
```

图6-3 长期微信群用户角色的转化

在没有经过亚文化塑造前，微信群成员处于原发型角色的状态，有群主、意见领袖、活跃成员、潜水用户等，其中既有正能量的维护者，也有负面消极的发声者。显而易见，此原发型角色对保持微信群的长期稳定并没有太大帮助。

因此，在亚文化的塑造中，我们可以试着去分配和赋予用户不同的群角色，这对很多退休人员来说，也是体现自身价值的机会，更容易被他们欣然接受。我们可以和用户协商，结合他们以往的经历、资源和特长来分配角色，比如任命组织部长负责活动的组织与报名，宣传部长负责宣传和推广，财务部长负责群费用的收支和账目，专业主持人负责活动的串场和主持，专业摄影师负责活动拍摄和后期制作，气氛组长负责各类道具用品的采购与布置，后勤组长负责安排车辆、通信联络、食宿保障等。总之，要让群内的一些种子用户都能发挥自己的长处，把大家都调动起来，为微信群的长期自治打下基础。

（3）研究自选动作。

建立长期微信群后，我们还可以研究制定一些增加仪式感和活跃度的内容，可称其为自选动作，主要目的是增强群成员的凝聚力和集体荣誉感。大致有以下一些内容，供大家参考。

①里程碑事件通报机制：当群成员的数量达到一定级别后，成立本群纪念日，在获得群荣誉奖励等重大时刻，发布群内通报并适当组织活动。

②迎新欢迎仪式：为新用户的加入举办欢迎仪式，如新用户自我介绍、欢迎红包、群规则阅读等。

③管理员和值日生：当长期微信群成员的数量累积到一定程度时，除群主外，可以任命群管理员进行协助管理，也可以安排每日值日生或代班群主。

④制定群内每日信息的推送规则：如天气预报、重大新闻等，可以由每日值日生负责。

⑤定期进行问卷调查：对线上微信群的管理和线下活动进行调查，便于提升用户体验和黏性。

⑥内容原创规则：如果对转发外部链接有特殊规定，那么要鼓励群内用户发送原创作品，如摄影图片、音视频、活动剪辑、读书心得等。

2.自治

长期微信群的自治是指在微信群的日常运营中，群主只起到监督和协助作用，主要日常事务都由群成员自行组织和运营。在长期微信群的自治过程中，最重要的就是发挥 KOL（Key Opinion Leader，关键意见领袖）和 KOC（Key Opinion Consumer，关键意见消费者）的作用。

（1）找到你的KOL。

在传统媒体时代，KOL指那些活跃于人际交往中，经常为他人提供信息或意见，并对他人施加影响的人。而在当下的新媒体时代，KOL的意义又延展为活跃于微博、微信、抖音等新媒体平台，在某一领域具有专业性和权威性的人，吸引了大量用户关注。KOL的作用在移动互联网时代被无限放大，随着抖音、快手、小红书等流量平台的兴起，出现了众多以探店、吃播、旅游、商品推荐为内容的KOL，更有越来越多的大V、明星、名人、网红走进直播间，亲自参与带货，从KOL变成了KOS（Key Opinion Sales，关键意见销售）。很多康养项目也善于利用名人效应，邀请名人代言，让名人成为康养品牌的KOL。

在长期微信群中我们所说的KOL并不是指社会上的大V、名人和网红，而是从康养项目私域用户群中选择、孵化出来的关键意见领袖，他们在物理距离和心理距离上都更接近用户，更具代表性。

①为什么要找KOL？

首先，考虑到群主运营长期微信群，其精力有限。群主其实就是康养项目里做私域流量运营的员工，他们在工作中可能会同时维护多个不同类型的微信群，精力有限，所以需要邀请更有责任心的用户来分担其职责。

其次，群主往往和群用户有年龄差距。群主往往是运营康养项目的年轻人，是工作人员；而群用户大多是长辈和家属，二者间年龄的差距较大，二者在价值观和人生经历等方面有明显代沟。为了更好地融入和引导用户，群主需要寻找一些与用户价值观相近的人进行协助。

最后，某些用户在群内极具威望，其无论是自身经历、能力，还是话语权，都胜过群主。群主与其去管理这些用户，不如请他们来协助自己进行管理。

②怎么找KOL？

选择KOL时，首先要求其要与康养项目倡导的价值观相同，具备正能量和积极态度，愿意协助群主做群运营管理。

我们可以从线下交往和活动中挖掘年龄、阅历、性格都符合条件的用户，或用户认可度高、支持度高、有组织号召力的用户，也可以从私域流量池中寻找活跃度高、互动参与性高、有意见引领作用的用户代表作为KOL。

我们还可以尝试选择有名人效应的用户，或有特长、特殊资源的用户作为KOL。

③如何管理KOL？

培养康养项目私域微信群的KOL，一般不建议提供劳动报酬，除非有特殊情况。本质上KOL仍属于用户，应该代表用户、引导用户，如果KOL领取报酬的话，KOL的立场和意义就会发生变化，如果被其他用户得知，也会产生负面影响。

对于KOL，我们可以采用"多荣誉激励+少物质奖励"的方式，如定期评比、加以表彰、优先体验新服务、试用新产品、参与品牌活动等。对于贡献大的KOL，可根据其意愿，由康养项目员工协助其打造个人IP，增加其曝光度和宣传力度。

尽管KOL的贡献大，但还是建议由康养项目员工担任群主，不要轻易进行群主授让，但我们将KOL设置成群管理员，让其协助群主进行群管理（40人以上的微信群可设置最多3名群管理员，可授予其拉新、删除群成员、修改群名、发布群公告等权限）。

（2）从KOL到KOC。

随着科技的发展，用户的连接方式也在不断更新迭代。从营销学范畴来说，我们现在处在营销革命4.0时代，这个时代的关键词是：大数据、社群、价值观和品牌拥护。在这个时代，企业和用户之间的关系发生了根本性的变化。

行业间的边界越来越模糊，跨界营销、产品融合、资源共享、信息嫁接成为营销和运营的主流。

以前用户更愿意相信企业、品牌和市场化活动，现在用户则更愿意相信F因素，即朋友（friends）、家人（families）、粉丝（fans）、追随者（followers）。

用户越来越重视他人的意见，并乐于分享意见；用户不再是被动的目标，而是传播产品信息的活跃媒体。

① KOL 和 KOC 的不同之处。

基于这些可见、可感受的变化，在企业的私域运营策略中，越来越重视 KOC 的作用。KOL 和 KOC 的特点比较如图 6-4 所示。

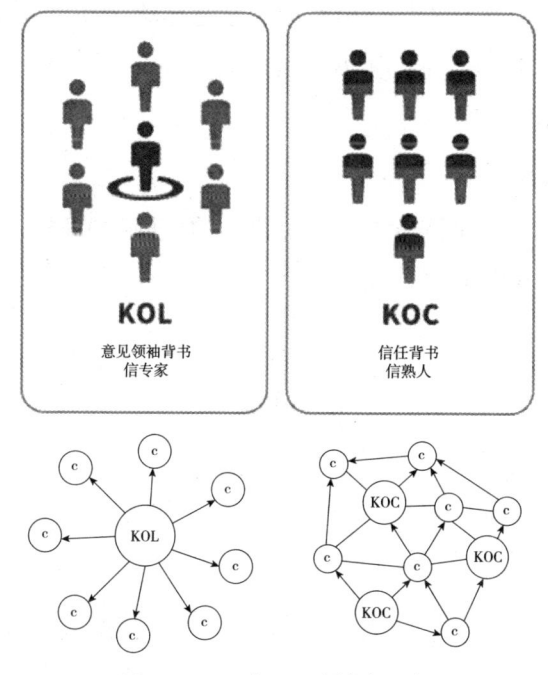

图6-4　KOL与KOC的特点比较

KOL 是指在某一领域的专业知识较强，具有专家效应，有话语权、权威性的人。KOL 对用户有号召力，粉丝众多，自带光环，其影响力和传播方式是由点及面，靠自身向外辐射的。

KOC 是指我们身边的消费者，是康养服务的切身体验者，是愿意传递和分享这种体验的用户。KOC 是朋友，是社交关系链上的信任关系，由于他们体验过项目，所以他们的意见更具真实感。KOC 的影响力和传播方式是散点式传播，通过影响自己周边的人，不断累积，形成指数级增长。

②你的KOC在哪儿。

首先，已经成交入住康养项目的长辈和家属，就是你要寻找KOC的范围。KOC可以是不同级别的会员、不同身体状态的用户，或是他们的家属和朋友，只要他们愿意主动分享在项目中的生活方式和服务的点滴，愿意拥护项目的品牌和价值观，愿意在朋友圈、微信群和线下活动中积极传播，互动分享，就可以成为该项目的KOC。

其次，尽管没有成交入住，但其通过参与体验活动、试入住或线下其他活动而获得良好体验的用户，如果该用户愿意分享和拥护该康养项目，也可以成为该项目的KOC。

③自治的三层架构。

在康养项目私域流量运营中，一个成功的长期微信群，需要具备自治的三层架构，如图6-5所示。

图6-5 长期微信群自治的三层架构

最上层是群主，群主是群的组建者，也是群的属性和IP，代表这个群是康养项目的私域流量池。群主只有一人，其作用是监督本群是否按规则运营，确保大方向正确，协助群成员进行自治管理，协调各种群内用户间的关系，代表康养项目支持群运营，并提供各类资源进行协助。

中间层是 KOL，KOL 的人数可以不止一人，但也不宜过多，否则会造成意见分散。KOL 会让群更具专业性和权威性，更能引导、带动用户，还能协助群主不断增强群的黏性，并通过自身影响力不断吸引外部流量，KOL 是康养项目的专家背书，也是品牌营销资源。

基础层是 KOC，对于康养项目来说，KOC 越多越好，他们是项目的拥趸、忠实伙伴、值得信赖的朋友，KOC 愿意把良好的体验分享给身边的人。KOC 的作用就是聚沙成塔、集腋成裘。

对于私域流量运营中长期微信群的治理和自治，我们一定要学会授权和激励，只有让群主转向幕后，让用户走到舞台中间，长期微信群才会更有活力。很多成功运营的长期微信群形成了一条规律：群成员初期是用户，中期是助手，最后变成了"合伙人"。

三、线上价值分享

我们一直在传递一个重要理念：康养项目的私域流量运营要想做得好，必须给用户提供足够的长期价值，建立长期而稳定的信任关系。长期微信群就是践行这个理念的重要载体。

对于康养项目来说，在长期微信群中传播什么样的内容，才会让用户觉得有价值呢？其核心是看用户需要什么，你能帮他们解决什么问题，以及满足他们什么需求。线上价值分享的内容有三个锦囊：有用、有情感、有互动。

第一个锦囊：有用，即用户或家属最希望从微信群中得到什么？

（1）得到一些核心信息：用户日常状态分享。能看到自己的父母在康养项目中的状态，或通过其他用户的状态感受到项目的真实氛围。

①服务内容展示：希望看到康养项目提供了哪些服务种类，是如何服务的，服务后的效果怎么样。

②通过管理提升满意度：使用了哪些管理手段，标准如何，是否规范，用户满意度是如何提升的。

③专业技术能力：如厨师的厨艺过硬、饭菜做得好，医护人员的医护技

术能起到安全保障作用等内容。

④能感受项目的整体氛围：如领导关怀视察、整体环境有序、感谢信与锦旗、行业评比获奖等内容。

（2）得到一些相关信息：项目日常信息。如入住情况、开放情况、项目最新价格、各类体验活动预告、最新优惠福利等内容。

康养行业资讯：如国家发布的康养政策、政策解读、康养行业动态、对老人有用的各类资讯等。

（3）得到一些兴趣知识。

①兴趣内容展示：如各类长辈俱乐部的活动通知、参与方式、成果分享等内容。

②专业老师指导：如线上兴趣课程、线上兴趣活动、专业指导和帮助。

③深度学习内容：如线上老年课堂、老年大学、深度鉴赏文章、新知识等。

（4）得到专业咨询答疑。

①日常服务内容咨询：如管家服务、餐饮服务、家政服务、日常活动等具体内容。

②专家在线咨询：如合作医疗专家在线问诊、院长在线日、照护专家在线答疑、照护案例分享等。

③营销相关咨询：如用户入住方式、入住流程、费用明细问题、优惠问题等内容。

这些用户渴望得到的信息，就是我们要在长期微信群中提供的内容，我们可以根据群分类，把内容进行归纳整理，通过合适的产出方式进行价值传递，让用户可以不断从长期微信群中看到自己想看的东西。

第二个锦囊：有情感，即用户需要什么情感？

（1）消解孤寂：我们可以进行线上群内关怀，比如，天气预报和问候、季节穿衣和饮食提示、早安晚安打卡，还可以做一些线上直播、线上课程，并通过线上志愿者给老人提供一些心理慰藉等。

（2）延缓身体老化及病痛：我们可以多分享养生知识、疾病专业知识、慢病调理知识、紧急救助常识、疼痛判断技巧、疾病自诊方法，并举办一些专家答疑、自我康复技能的线上培训。

（3）提升财产安全感：我们可以邀请理财顾问开展线上理财知识课堂，对理财产品进行解读，并对国家经济形势进行分析，还可以教老年人如何进行投资，如何防范诈骗。

（4）努力不脱离社会：解释网络新词汇，解读新概念、新趋势，介绍新产品，讲解新 App、新平台的玩法。

以上这四种情感是用户最需要的，我们在长期微信群的运营过程中，也应该围绕这四种情感来研究、产出相关内容，这样才会让长辈喜欢看我们提供的内容，增强用户黏性。

第二个锦囊：有互动，即互动创造价值、互动增强黏性。

（1）制造话题互动。

①热点类话题：结合政策热点、社会新闻热点、康养行业的热点，在群内与用户互动，可以说"针对最近的某个话题，您怎么看？您认为……"

②需求类话题：结合群成员的不同需求制造互动话题，比如，对认知障碍照护需求度高的用户群，我们可以发起话题"您怎么看待束缚？认知障碍用户的房间能否有电视？"对特殊护理要求高的用户群，我们可以发起话题："您认为用户的房间应该安装监控吗？您认为在什么情况下需要一对一护理？"针对活力型会员群，我们可以发起话题"社区内您最喜欢参加的活动是什么？"诸如此类话题。

③建议类话题：我们可以邀请群用户来参与项目管理，比如，服务内容设置、活动场景布置、口号标语征集、主题海报设计等内容，我们可以说"我们又要举办某种活动了，对于某项工作有点举棋不定，特别想听听您的意见……"

④生活类话题：我们可以从日常的吃喝玩乐、衣食住行中挖掘话题，比如"晒出您最喜欢的家常菜/12月份去哪里玩好呢？"诸如此类话题。

（2）举办线上活动。

我们还可以举办一些线上活动，在微信群中进行活动预热和邀请报名。比如，在线读书会、专业影评人、摄影作品征集、唱吧卡拉OK赛、秀出您的Vlog等。这些活动会增加群内的活跃度，让用户更有兴趣参与其中。

（3）参与互动有奖。

对于一些康养项目重点推广的内容或活动，我们可以尝试在长期微信群内采取激励的方式进行互动，比如，参与话题领红包、回答问题得积分、报名活动送礼物、坚持打卡可获体验消费券等。

（4）结合线下互动。

我们可以在长期微信群内进行线下活动预告与预热，促进活动的线上传播裂变；还可以在群内进行线下活动回顾，进行与活动相关的音视频的展示，进行线上评比和表彰。

始终给长期微信群内的用户提供有价值、有情感、有互动的内容，才是长期价值的体现。把用户当成康养项目的朋友和亲人，用心关注他们、爱护他们，才会建立起长期的信任关系。当然，要想在长期微信群内增加用户活跃度，也有一些小秘籍，可供大家参考。

①多分享美食制作的内容。民以食为天，一日三餐吃什么、怎么吃，是每个人都很关注的问题。多分享家常菜、时令菜、养生菜的制作视频，分享营养餐单、食谱，容易获得用户关注。

②多分享脑力锻炼小游戏。猜谜、绕口令、成语接龙、性格测试、认知障碍筛查等，都是不错的内容。前提是游戏要够小，要有趣味，要便于分享和传播。

③多分享生活常识小妙招。比如，纱窗脏了如何清洗、如何挑选蚕丝被、老花眼怎样穿针引线、如何使用康养助残卡、怎样坐地铁省钱等。这些围绕日

常生活展开的内容非常接地气，用户学习后只要能用得上，就会增强其对群的黏性。

④多分享轻松的内容。小笑话、幽默小品、脑筋急转弯等内容的素材很好收集，分享起来也没有难度。群主可以时不时地在群里分享这些素材，这样可以让群里的气氛轻松起来，要避免千篇一律的严肃性知识干货，还可以偶尔给用户的生活加点笑料。

⑤自己人带节奏。为了增加长期微信群的活跃度，我们也可以在私域流量运营中培养小号当"卧底"，活跃气氛，带动用户参与互动。

⑥有问必答、有求必应。微信群的用户经常会提出一些问题和需求，员工可以针对用户家属的小问题做出大回答，解决小需求赢得大满意。因为群内所有用户都在关注群主解决问题的态度和效率，尽管可以单独私信沟通，但如果能在群中让用户获得"满意+惊喜"的心理预期，何乐而不为呢？

四、结合线下场景

在上一节"微信群的分类与组建"中，我们谈到了康养项目微信群的组建方式是O2O2O，在我们运营长期微信群的时候，结合线下场景也是有效的运营手段。结合线下场景运营的目的是深化关系，可以进行线下拉新、用户筛选、增强用户黏性。那么，康养项目员工在进行私域流量运营时，该如何把线上的长期微信群和线下场景有效地结合在一起呢？在这里，本书给大家总结了有效结合的四法则。

法则一：线上预热、线下活动

（1）在群里和朋友圈里预热线下活动的主题和内容，发布线下活动的时间、地点、参加规则，组织报名并确认相关信息。

（2）线下组织及实施活动，通过面对面的交流沟通来深化关系，增强黏性。

法则二：线上活动、线下回顾

（1）在长期微信群中组织发起各种活动（如前文所述的兴趣类活动、话题类活动），进行线上报名，布置线上活动任务，提交线上活动成果。

（2）在线下场景中，组织面对面的交流分享会，对线上活动的效果进行总结回顾、评比表彰，并讨论下一次活动的主题与内容。

法则三：线下活动、线上回顾

（1）在线下场景中组织实施各类活动（有主题、有设计、有内容、有参与）。

（2）把线下的活动效果在线上长期微信群里和朋友圈里进行展示，分享与活动相关的图文及视频内容，并在线上发起互动讨论和回顾。

法则四：线下拉新、线上入群

（1）在线下活动时，启动活动拉新，鼓励更多社交关系链上的新用户参与，线下活动有利于与新用户建立关系、传递价值观并筛选出高价值用户。

（2）邀请新用户加入长期微信群，成为群成员并分配相应的角色，参与日常分享互动。

长期微信群运营的门槛与需求、治理与自治、线上价值分享、结合线下场景这四大关键要素，能帮助我们把私域流量池中的微信群长久而稳定地运营下去，这四大要素也体现了康养行业运营的特殊性和康养项目的产品特点。此外，康养项目员工在长期群的日常运营中也容易出现以下四个误区，在此一并列举出来，提醒大家注意。

1.群越大越有价值

一般微信个人号的群最多可容纳500人，但500人的大群其实不利于运营。在社交领域有个"150定律"，是说人类社会中，每个人的社交人数上限为150人，而精确交往、深入交往的人数通常仅为20人左右。

从实践经验出发，康养项目私域流量运营的长期微信群的人数在一二百人比较理想，有这种人数的群在做活动和日常互动时，用户的参与度反而更高，用户之间的连接也会更紧密，在结合线下场景做活动时，效果也会相对可控。群人数太少则会影响群内的互动效果，群人数太多又会让用户间彼此有距离感和陌生感。

当然，不是所有的微信群都得按照这个人数规模来组建，要结合群的类型和定位来具体分析。如果群内用户数量过多，可以通过建立新群分流用户，实现独立运营。

2.我的群我做主

切记，群主不要唯我独尊，也不要事无巨细。群是你的，但更是用户的。微信群之所以能组建，是因为用户认可你的康养项目的价值观，所以借助你的平台聚集在一起，从这个意义上来说，微信群更是大家的群。如果群主过于强势，有可能导致用户随时退群。

在日常运营中，群主要学会去中心化，让用户实现自治，让群内的KOL和KOC多发声，提升群成员的活跃度。作为群主，要尽可能多地针对年龄大、阅历丰富的用户进行引导、传递和支持，不具体评论和下结论，才能让他们更舒心和自由。

3.一个群里可以做所有的事

每一个微信群都有自己的目标和使命，但满足用户的核心需求并提供与之相匹配的价值是根本性原则。而私域流量运营中的裂变拉新、组织活动、商品复购变现等阶段性、功利性的事宜，群主一定要单独拉快闪微信群去做，否则容易引起用户的反感，产生投诉、被封群或大量用户退群的现象。

4.为了活跃度可以不守规则

群规则是给群内所有的群成员制定的，群主也要带头遵守。所以群主不要高频率地发布硬广、营销话术、品宣资料，而是要更多地传递长期价值。不要随意拉新，不符合门槛的群成员会给长期微信群带来负面效应。

同时，有的群主为了增加群里的活跃度，会对用户违规现象睁一只眼闭一只眼，对用户私发广告、无聊信息、低俗链接的行为，不加以制止，甚至对群成员随便拉新也默许同意。这么做只会打破固有规则，扰乱群内氛围，造成高价值用户流失，得不偿失。

每一种类型的微信群都有自己的运营周期，每一个微信群都是一个私域流量池，我们在日常运营中要懂得"多建小池多互动，少建大池死循环；需求易变群不变，易碰私域天花板"。

小结与演练

如何做一个优秀的微信群群主？
（1）建立和提升微信群门槛。
（2）制定和维护群规则和亚文化。
（3）发现和挖掘你的KOL、KOC，实现自治。
（4）创作并分享有用、有情感、有互动的内容。
（5）引导用户主动分享和参与互动。
（6）结合线下场景，增强用户黏性。
（7）做倡导者、协助者、监督者。
演练建议：
1. 你有哪些长期微信群？诊断一下目前的运营效果。
2. 结合本节内容，制订长期微信群的运营改进计划吧！

如何高效使用快闪微信群

快闪微信群就像快闪行为一样，在指定时间、指定地点，某些人短暂而快速地聚集在一起，做一些指定的事情，然后迅速离开。康养项目私域流量运营中的快闪微信群就是为了快速解决用户问题或满足短期目标而成立的，它和长期微信群有着明显的不同。

一、快闪微信群的运营特点

1. 周期短

因为快闪微信群的目的性很强，所以它从组建到解散的时间间隔很短。最短的甚至只能维持几小时，群的使命即告终结。对康养项目运营来说，快闪微信群维持几天的情况比较常见，最长的快闪微信群，其维持时间通常也不过一两周。

2. 易操作

快闪微信群不需要像长期微信群那样与用户建立长期信任关系、提供长期价值。由于用户的短期目的高度一致，群成员的仪式感较强，群维护的时间也很短。快闪微信群的运营有一套较为固定的行为模式及运营步骤，学会之后按流程运作，极易上手。

3. 效果好

快闪微信群不像长期微信群那样有用户门槛限制，也不需要复杂的"线上＋线下"的用户分析和选择过程。只要用户的短期目的一致，人数越多，短期场景使用起来的爆发力越强，群主可快速拉新以实现目的。

4. 从众心

快闪微信群在于利用人们的从众心理，人为地制造群体热闹的氛围，促使用户由看热闹的心态变为争相参与，从而取得不错的效果。

二、快闪微信群的适合场景

对康养项目来说，以下四种场景比较适合通过快闪微信群来运营操作。

1. 售卖康养用品或商品

康养项目的成交入住是低频次事件，但康养用品或商品的售卖是中高频次事件。如果你的康养项目附带康养用品或商品资源，如辅具、营养品、辅餐营养素、保健品、日常生活消费品等，那么通过快闪微信群实现商品的变现与复购，是非常好的一种营销方式。

2.邀约用户体验新产品

当康养项目推出付费体验产品套餐时，如康养社区一天/两天一晚/三天两晚体验产品，群主可以通过快闪微信群来推广和让用户抢购。其他的新产品，如试入住、新菜试吃、新课试听、专家诊疗等活动，群主也可以通过快闪微信群邀请用户参与。

3.发放免费福利、优惠权益

当康养项目计划在私域流量池中发放一些免费福利优惠时，无论其目的是回馈老用户、吸引新用户、扩大知名度，还是促进短期成交，都可以通过快闪微信群来迅速传播、快速拉新，在短时间内把用户集聚效应做到最大。

4.参与社群兴趣类活动

当在康养项目社群的各类活动中，遇到招募新用户、邀约体验、做联谊晚会、外出表演等这些具有短期目的的行为时，群主可以利用线上快闪微信群来实现，这样既能不打扰长期微信群中的用户，又可以扩大短期行为的影响和传播效力。

三、快闪微信群标准操作流程

高效使用快闪微信群的标准操作流程有三大步骤，具体内容如图6-6所示。

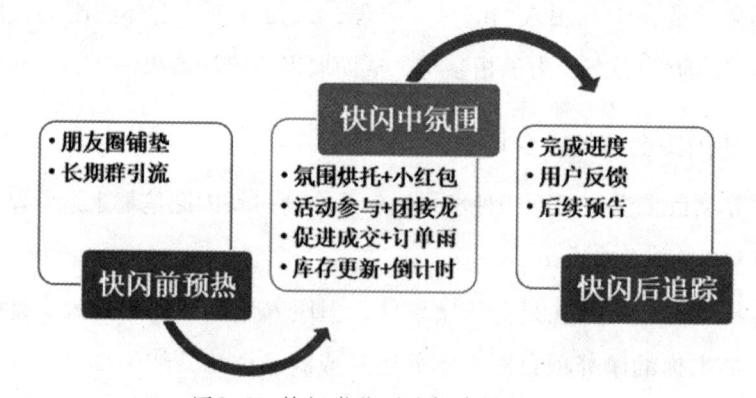

图6-6 快闪微信群的标准操作流程

1.快闪前预热

活动前，群主要在康养项目私域流量池中进行充分预热，通过意见征集、互动有奖、活动预告等形式，让更多人关注并把氛围烘托起来。

2. 快闪中激发氛围

活动期间，群主要在快闪微信群中通过签到红包、报名接龙、成交晒图、公布库存这四种方法来激发用户的从众心理，让更多人参与进来，以达到预期效果。

3. 快闪后追踪

活动后，群主要通过私域流量池与用户进行一对一沟通，同时在长期微信群和朋友圈中及时跟进活动效果，并进行评估反馈，持续改进。

某康养社区想发放大约150人的活力型用户活动体验券，营销部门已经有了50名高意向用户，此外还需要在私域流量池中吸引约100名用户报名参与。该体验活动暂定为两天一晚的体验套餐，包含一晚社区豪华房间住宿、三顿康养营养体验餐，以及卡拉OK、观影、健康检测、球类运动等一系列兴趣活动。在费用方面，计划收取成本价100元/人。活动时间为报名认购成功后，即可预约体验，半年内有效。

结合以上案例，我们把每个步骤进行详细拆解，让大家对这套标准操作流程有更深的理解和体会。

四、快闪微信群使用步骤拆解

1. 快闪前预热

预热场景是指我们做私域流量运营的主场景：朋友圈和长期微信群。我们可以像本书前面所介绍的，结合康养项目的具体情况，尝试把线下场景也加入其中。

因为要寻找活力型用户，所以我们可以在朋友圈的用户分类标签中选择诸如活力型、健康长者、兴趣爱好类、参与活动型类别的用户；在长期微信群中选择活力社群、俱乐部、健康退休长者的群，进行预热和传播；线下我们可以在活力生活区和参访接待区通过活动海报、多媒体视频、易拉宝等形式预热，吸引已入住长辈和来访参观用户关注。

（1）用征集意见来预热。

文案参考：最近很多长辈/家属都来问我有没有新的体验活动。现在春暖花开了/秋意盎然，最适合走出家门放松心情。大家最希望体验什么样的活动呢？可以留言告诉我，我可以向老板申请啊！（或者可以做个调研选项表，让用户来投票表决）

后续动作：这是我申请的最新体验活动，本群成员可以优先享受福利哦！据老板说这次的体验非常高端，连我都有点动心了呢！

以征求意见的方式来预热，就是抛出来一个问题，无论有没有用户互动都没有关系，目的就是让大家知道你要搞事情了，接下来可以自导自演。

（2）用互动有奖来预热。

文案参考：没想到这么多爷爷奶奶私信我/回复我，更没想到大家最希望的体验活动居然是它！大家可以猜猜看这次呼声最高的是什么活动，参与本条回复或点赞的用户，将获得最大福利哦！如果本条点赞/回复数量超过100个/条，我和老板谈判就更有底气了！

后续动作：没想到仅仅过去几个小时就有这么多人点赞/私信回复了我，我也把每个人的意见和想法都一一记录了下来，看到这么多爷爷奶奶想参加体验活动，我内心里也是有些小激动。让我们期待明天的活动预告吧！

这样，第一天的预热任务就结束了。我们通过朋友圈发送了几条帖子，通过微信群传递了几条信息，达到了告知的目的，吸引了用户的注意力。在预热的第一天，做到这个程度就够了。

（3）用活动预告来预热。

第二天，群主可以按照接下来的内容，继续进行预热。

文案参考：好消息/重大福利！今天正式通知大家，这次呼声最高的竟然是两天一晚的康养社区全方位体验活动。大家也太会选了吧！两天一晚的时间正好可以把康养社区的各项服务体验一遍，又不会浪费您太多的精力。我为大家点赞！

公布内容：依靠大家的支持，我也和老板硬气了一回！这次的体验活动设置了丰富的内容：包含一晚社区豪华房间住宿，三顿康养营养体验餐，还包括卡拉OK、观影、讲座、健康检测、球类运动等一系列兴趣活动。为了不影响其他爷爷奶奶的日常作息，请所有对活动感兴趣的长辈们进入活动专享群，我会把详细的活动日程发布在新群里，供大家参考。由此成立快闪微信群，把群链接、二维码发到长期微信群和朋友圈，也可以单独邀请用户入群。

后续动作1：大家可以扫码进群了，今晚八点我们正式开启报名通道。只有在新群中才能享受专享折扣，新群的人数决定了这次体验活动的优惠程度哦！活动专享群超过50人，将享受7折优惠，超过100人，将享受5折优惠，超过150人没准还能按照成本价进行体验，真正超值，就靠大家的双手了！请大家多多邀请朋友关注进群！

后续动作2：这么快就已经有接近100位长辈／家属进群了，按照优惠政策，目前体验活动的折扣已经达到了7折，进群人数只要超过100位就可以专享5折优惠了，大家继续加把劲！今晚八点，我们正式开启报名通道。

后续动作3：在大家的帮助下，目前群中人数已经达到了150人，老板说了，本次体验活动只收取成本价。这个价格真的是有史以来最低的！错过了就只能等下次了。有些长辈已经迫不及待想要付费了，大家稍等片刻，今晚八点我们正式开启报名通道，请还没有扫码入群的朋友抓紧时间入群，领取属于你的专属优惠福利。

发布活动预告后，我们可以通过建立快闪微信群迅速把活动氛围做热，并在快闪微信群和朋友圈里不断通过人数增加、参与进度来提醒用户，促进拉新、互动和预热。

2.快闪中激发氛围

通过前期在朋友圈和微信群中的预热，快闪微信群中已经积累了不少用户，但不一定所有的用户都会报名付费，因为不少用户都是被拉进来凑人数的，不过没关系，快闪微信群的目的就是让用户源源不断地进来，人数越多，烘托气氛的效果越好。如果用户参与度非常高，但由于活动名额有限，导致一部分用户未能报名成交。针对这种情况，本书后面介绍了其他补救办法。

还有人担心快闪微信群中的用户不一定都是本康养项目精准的目标用户。这种担心其实大可不必。首先，我们的快闪微信群是从私域流量池中发起的，其中的用户绝大部分都是我们的潜在用户，他们的社交关系链上的亲戚、朋友、同事即便没有那么精准，也会比我们从公域流量池或线下其他渠道引流过来的用户要精准得多。此外，在快闪微信群运营结束后，对项目感兴趣的新用户也会被我们引流到私域流量池中，进行下一步的运营和维护。

（1）签到红包。

在晚上八点活动正式开始之前，为了避免群中的用户因在忙其他事情而忘记参与，我们可以用发放微信红包的形式来提醒用户，这样做的效果最好。

在活动倒计时为一小时/半小时发送微信红包，红包不用太大，平均到每人有几毛钱就足够了，主要是为了活跃群内气氛。发红包时，群主可以在快闪微信群内说：各位长辈晚上好，不知道您晚餐吃得怎么样？今天的晚霞/月亮真漂亮啊。别忘了晚上八点，我们的报名活动正式开始，倒计时还有半小时了，大家要记得把手机充好电啊！在此先给大家发个小红包，祝各位有个好心情！

同时，大家别忘了在朋友圈继续发帖，通报活动实时进程，不断吸引有兴趣的用户扫码入群。

（2）报名接龙。

晚上八点活动正式开始后，群主要在快闪微信群内重申一遍活动内容，并发送启动话术：我们的报名认购活动正式开始了！感谢各位的大力支持，让这次两天一晚的高端体验活动可以按照成本价优惠给大家，这也是我们这个群里的人员才能享受到的专属福利，本次活动的成本价是100元/人，含住宿、含三餐、含多种活动体验。物超所值，史上最低！

接下来：凡确定报名认购的长辈，请在群内按照顺序接龙的方式，开始报名！不方便输入或不会操作的长辈，也可以微信联系我，由我来协助您完成报名接龙！

在刚开始接龙报名时，群主也可以安排小号或其他群成员带一下节奏，让大家知道接龙的形式。主要目的是刺激用户参与/下单，把从众心理激发到极致。

（3）成交晒图。

也许快闪微信群内的一部分用户对接龙的真实性存在质疑。那我们可以采用成交晒图的形式来确认报名认购。可以把康养项目的收款二维码发送到群内，然后发送话术：现在大家可以开始报名了，请大家扫描康养项目的官方收款码。大家在扫码支付后，请将付款截屏晒在群内或单独发送给我。操作完毕后即视为报名成功。此次体验活动预设100个名额，大家先到先得！现在可以开始了！

同样，在刚开始时，你可以安排小号或其他群成员带一下节奏，组织截屏，晒付款截图。这样截屏晒图的方式，更能体现活动的真实性。并且随着晒单越来越多，也更能激发用户的紧迫感，促使还在犹豫的用户下单。

（4）公布库存。

我们要在快闪微信群内和朋友圈里随时播报报名认购的进度，更新报名认购数量和库存量，启用认购时间倒计时，重复优惠力度和时效。

可以在群中说：报名进度播报！短短半个小时，报名认购数量已达到62套，还剩不到40套了，这个体验价格真心划算，认购成功后半年有效。待名额抢完，活动随时结束，将在今晚九点关闭报名通道，错过就只能等下次了。再给大家报个福利，老板说对所有当天来现场体验的长辈，会再赠送一份精美礼物！后续话术：报名进度播报！目前仅剩最后10套！抓紧时间！手慢则无！活动结束后马上恢复体验套餐原价300元/人。

通过签到红包、报名接龙、成交晒单、公布库存四个环节的氛围营造，群内的用户会在从众心理的带动下行动，群主则在短时间内将私域流量池中

100名用户的报名认购工作完成。

3.快闪后跟踪

在当晚的快闪任务完成后，群主可以在群中发一条信息：谢谢大家的支持，报名额度已满，还想参加的长辈可以再私信我，我试着和老板沟通一下，看看还有没有增加名额的可能。今天时间比较晚了，请各位长辈早点休息！明天我会逐一与各位已报名的长辈核对信息。祝大家好梦！

接下来的工作，我们可以在报名后的第二天完成。

（1）资格确认。

向报名认购的用户逐一登记核实、确认信息，同时在确认信息时，顺便征求用户意见，做沟通互动，获取用户对此次快闪活动的意见和评价。尽管我们在线上报名环节已取得成效，但还是建议大家给用户发送正式的邀请函或产品体验电子券，把专业感做足，给用户留下好印象。

（2）活动通报。

在快闪群内告知大家：此次体验活动的报名认购已圆满结束，我们正在和已报名的用户逐一私信，确认核实，特别感谢大家的支持。另外，对我们康养项目感兴趣的用户可以加我的微信，我会尽自己努力帮助大家！此群将于今天下午五点正式解散。

到时间解散快闪微信群，一是给用户一种有始有终的感觉；二是活动结束后，快闪微信群的活跃度很低、运营难度很大，其使命已经完成，也就没有了存在的意义。

同时，群主别忘了在朋友圈和长期微信群内通报一下此次快闪活动情况，分享一些用户好评或体现活跃度高的图片。这样会让用户感觉你的运营很专业，做事有始有终，进而增加对你的好感，没准就会参加下次的活动。

（3）后续预告。

可在朋友圈发布补货通知：此次报名认购活动，大家的热情太高，让很多长辈没能称心，特向老板申请补货10套，价格略高于成本价，为120元/人，感兴趣的长辈可以尽快私信我，预订从速。

群主还可以在朋友圈和长期微信群预告下一次活动的时间/建立快闪微信群的时间，请有意向的用户提前私信联络，锁定参与名额。

参照快闪微信群运营的标准操作流程，我们可以非常顺畅地完成一次快闪任务。通过与用户的及时沟通反馈，也可以不断优化流程和产品，让活动越做越好。

小结与演练

本章中我们讲解了在康养项目私域流量运营时，如何使用快闪微信群。快闪微信群的特点就是高效、短期，具备爆发性和目的性。快闪微信群具备较为独立的操作步骤，这与长期微信群的运营有着本质区别。

演练建议：

1. 回顾一下你的康养项目是否做过快闪微信群，效果怎么样？
2. 让我们来策划一次快闪活动吧，检验一下实际效果。

举一反三：

如何把握快闪微信群的使用频率？

第七章
掌握内容产出方法

在康养项目的私域流量运营过程中，产品是线下运营的核心，包括生活环境、服务能力的硬件和软件条件，以及围绕硬、软件的软实力和品质要求。而内容作为线上运营的核心，具体包括有价值的信息、有品位的阅读、有深度的知识、有感触的情感。

在本书之前的章节里，我们阐述了运营朋友圈和长期微信群时应该产出什么样的内容，并且这些内容要结合用户类型对应需求，要做到对用户和家属有用、有情感、有互动。而对内容本身来说，不同的内容形式可以带来不同的分享效果。在本章中，我们将分别讲解音文、视频、直播、游戏这四种当今最具代表性的内容产出形式，及其对康养项目私域流量运营的独特作用和意义。

用音文挖掘深度价值

对于康养项目员工来说,挖掘深度价值需要学会深度思考;对于用户来说,感受深度价值需要进入深度阅读。和碎片化的信息表达方式不同,真正有价值的内容需要借助有一定长度、层次的文章进行表达,只有这样,内容的提供者才能逐步展开观点,引发读者的追问和思考,体现阅读的价值。所以长篇文章是体现深度价值的最佳载体,而由于康养行业的用户群体较为特殊,年龄偏大的用户会有用眼困扰,所以在本书中我们会把音频和文章放在一起,作为康养行业私域流量运营内容产出的第一种形式。

一、深度价值在哪里

产出具备深度价值的文章和音频,让用户和家属深度阅读与聆听,引发价值认同感与共情点。想要产生共情点,就要努力找到我们与用户之间情感重叠的那一部分,让用户在听觉和视觉的感官层面之外,产生更深层次的情感共鸣与理性认知。

我们应该如何挖掘深度价值呢?基于在康养项目营销与运营工作中的实践经验,本书归纳了以下五点供大家参考,具体内容如表7-1所示。

表7-1 挖掘康养项目的深度价值

挖掘角度	挖掘内容	共情点
员工	优秀的服务案例	这么好的服务和员工!
	成长道路与感悟	真实感、可信任、一步一步走来不容易
	与用户的感情关系	家的感觉与氛围,放心与安心
用户	养老改变生活(感悟、体会、变化)	原来改变这么大,我也有这个愿望
	探究精神世界(奋斗、梦想、现实意义)	我也有曾经的辉煌和未完成的梦想
	人生轨迹探寻(时代、回忆、激励)	我的故事更精彩
家属	改变的力量(心态、状态、感恩)	原来我可以选择这种方式解脱
社会	养老观念与心态(养儿、以房、孤独)	我遇到这些问题怎么办,给了我启发
	养老热点问题剖析(诈骗、虐待、政策)	分析得很好,看来很专业
养老企业	服务、活动深度报道	他们做得真的很好,很专业,我想参与
	美好生活方式传递	我也想过这样的生活
	价值观与用户关系深度传递	我非常向往

1.挖掘视角——员工

（1）挖掘优秀的服务案例，让用户感觉到康养项目有这么好的服务和员工，自己在项目里一定会得到最好的康养保障。

（2）挖掘员工的成长道路与个人感悟，让用户通过音文内容感受到员工的真诚，以及员工每一步走来的艰辛和不易，基于对员工的信任而产生内心共鸣。

（3）挖掘员工与用户的深厚情感，让用户感受到在项目里也有家的氛围，员工胜似家人，令用户放心和安心。

2.挖掘视角——用户

（1）挖掘用户住在康养社区里给其生活方式带来的积极改变，从用户的亲身体会、身体变化、情感变化的角度产出内容，让更多的用户认识到康养项目的益处，从而产生康养意愿。

（2）挖掘和探究用户的精神世界、人生观、奋斗精神，以及追逐梦想的脚步，通过这些内容折射出对现实的思考意义，让更多用户感同身受，心存敬仰，也渴望能与这样的人共处。

（3）挖掘和探寻用户的人生轨迹，找寻曾经的时代感、和国家一同成长的记忆、激励后辈的华彩篇章等，让用户在阅读后产生共情，甚至认为自己的故事更精彩。

3.挖掘视角——家属

挖掘用户入住康养项目后，家属的心态变化，以及生活节奏和生活状态的变化，这种改变的力量会使更多的用户和家属产生心理暗示，让他们觉得自己也可以选择这种康养方式，并为身边人减负。

4.挖掘角度——社会

（1）挖掘康养观念和心态，可以从养儿防老、以房康养、空巢康养、失独康养、丁克康养，以及抱团康养、居家康养、社区康养等方面，进行深度探讨和研究，并总结出机构康养的优势。这些内容会启发用户思考如果他们遇到这些问题会怎么做，是不是也可以选择康养的方式呢？

（2）挖掘并剖析康养热点问题，如卷钱诈骗现象、虐待老人新闻、国家康养政策等。深度音文内容会让更多用户觉得你的分析有道理，你在康养行业里是专业的。

5. 挖掘角度——康养项目

（1）挖掘并进行服务内容和各类活动的深度报道，以图文并茂的方式让用户感觉到项目的运营做得好、做得专业，让用户也想参与其中。

（2）挖掘并传递美好生活方式，美好的瞬间最能打动人，让用户感受到康养项目里的细节，从内心真正渴望过上这样的生活。

（3）挖掘项目所传递的价值观，以及项目员工和用户共建共享的文化氛围，让用户心向往之，并付诸行动。

在挖掘深度价值，进行音文创作和内容分享时，有两类内容我们要注意控制：第一类是企业品宣和营销软文，而尽量弱化，少发或不发；第二类是一些过于专业的内容，如医疗技术分析、专业论文和学术文章，这些内容会让用户产生阅读障碍，要尽量摒弃。

二、深度音文的产出方式

1. 文章篇幅

将深度文章的字数控制在 2000~3000 字较为合适，这个篇幅的阅读时长大约为 5 分钟，朗读出来大约需要 13 分钟。无论阅读还是朗读，时长都在用户及家属可接受的范围内。若文章过短，难以有效展开内容，若文章过长，会使用户产生阅读抗拒心理。

2. 音文同步

针对老年人的生理特点，每产出一篇深度文章时，都建议把文字同步成音频，如果只有音频内容，则要同步成文字，这样对于视力和听力不那么好的老年人来说，更方便阅读或聆听，他们也可以更好地分享与传播。

3. 创作形式

产出深度音文内容并不是一件容易的事。首先，康养项目员工在挖掘素材时需要对康养项目有深度的认知，与用户和家属沟通需要具备一定的人生阅历和生活经验；其次，康养项目员工要有较宽的知识面，既要有感性思维的基础，又要有理性思维的高度；最后，康养项目员工还需要有分析、整理、提炼、升华素材的能力，更要有扎实的写作功底。

一般来说，从单个康养项目中很难找出具备以上全部能力的人才。但我们可以通过以下方式来突破障碍，产出深度音文内容。

（1）团队创作。

如果一个人无法独立完成所有工作，那我们可以通过小组创作的形式来实现。一线康养服务人员每天和用户、家属打交道，他们更容易发现素材；项目的管理人员有一定的文化程度和管理经验，能挖掘出素材的闪光点和共情价值；文案策划人员有一定的文字功底，也熟悉音文内容传播的特点，可以负责编辑；公关人员了解私域流量池中用户的需求和心理，可以协助把关。这样就组建了一个创作小组，可以采取定期讨论会的形式，确认创作方向和创作主题，并审核确认待发内容。

（2）编辑原创。

有针对性地挖掘不同视角中用户和家属的相关素材内容，我们可以鼓励和邀请用户和家属进行原创，然后由项目的文案策划人员进行编辑修改，最后产出深度内容。

让用户和家属参与其中，写出他们自己的故事，会更真实、更详尽、更有情感，我们与他们的互动性也会更强，我们更容易从用户的视角了解他们思考问题和体现价值的方式。

（3）深度访谈。

在创作过程中，我们还可以采取"深度访谈+创作编辑"的形式。首先根据想要获取的素材，梳理深度访谈提纲，然后与相关人员进行开放式的访谈交流。

在访谈过程中要有互动、有思想碰撞，并立足于发现价值点，之后再进行文字梳理和深度编辑，力求产出的音文内容可以引发用户的思考和讨论。

用这种形式能获取到真实的第一手资料，对于挖掘深度价值很有帮助。

（4）合作创作。

目前，有不少康养项目通过与第三方公司合作的形式进行内容产出。一般由康养项目提出具体内容和要求，由第三方公司进行采编创作。

这种方式利用的是第三方公司的专业文案和创作能力，但其费用不低。另外，要特别注意把握好深度音文内容的方向和价值观，营销感不宜过重。

三、深度音文内容的编辑思路

深度音文内容的编辑有三种比较常见的思路，它们对康养项目素材的挖掘和整理非常适用，在这里也和大家分享一下，如图7-1所示。

深度挖掘型思路	新闻报道型思路	价值输出型思路
适合对热点、观点、现象、情感的价值挖掘	适合对活动、故事、人物、变化的价值挖掘	适合对美好生活、价值观传递、系列活动、产品输出
·首先抛出问题——引发思考 ·初步探究原因——预先假设产生认同 ·深度调研与取证——沉浸式步入 ·再探究原因——产生思考和启示 ·核实思考——不同角度的理解 ·回到现实——结合文章谈你的看法 ·引发互动	·标题——引人入胜 ·主人公——小人物大故事/大人物小故事 ·故事性——可读性强、易于接受 ·戏剧性——和用户的想象不一样 ·悬念——抓住用户的一瞬间 ·开放式结尾——引发思考	·引导性说明——总体介绍引发阅读 ·分段式标题——排比式输出美好 ·分段式描述——详细阐述+事例 ·来源追溯——服务/产品设计过程与价值产生过程 ·可参与性——体验/优惠/预告

图7-1 深度音文内容的编辑思路

1. 深度挖掘型思路

适合对热点、观点、现象、情感类内容的价值挖掘。类似的例子我们可以参考虎嗅、三联生活周刊之类公众号的文章。

这种思路的特点如下。

（1）首先抛出问题，引发思考。

（2）接下来初步探究原因，做出预先假设，让用户产生认同。

（3）再进行深度调研与取证，让用户跟随你的思路沉浸式步入。

（4）再次探究原因，引发用户思考。

（5）核实思考，让大家从不同视角理解。

（6）最后回到现实，结合文章谈作者的看法。

（7）文末引发用户讨论。

在此举个例子来具体说明这种编排思路。前两年，演员牛犇老师住进了上海的一家康养院。针对这个热点事件，如何产出一篇深度音文呢？我们可以仿照以上思路进行编排。

（1）抛出问题：为什么演员牛犇老师住进了康养院？

（2）初探原因：牛犇老师已经85岁高龄了，年轻时获得了众多奖项，目前独居于上海一家康养院，据说是因为相伴了六十多年的老伴突然去世，自己一个人住在空荡荡的房子里感到些许的孤单。

（3）深度调研：上海这家康养院是什么样子的呢？为什么牛犇老师会选择它？带着这个问题，我们进行了实地走访。通过调研发现，这家康养院的环境设施非常完备，其居住环境就像家里一样，一日三餐花样不断，医护人员随叫随到……和之前传统观念里的康养院相比，真是有着天壤之别。

（4）再探原因：牛犇老师自己解释说："住在老年公寓不但有许多老伙计陪自己聊天，还不用买菜做饭，实在是很方便。"

（5）核实思考：这么看来，牛犇老师住到康养院里其实是更好的晚年选择，既避免了独处家中的苦闷和寂寞，还能从家务劳动中解脱，享受良好的居住环境，同时安全也有保障，其子女也会放心得多。

（6）回到现实：在传统思想中，大部分人认为让老人住进康养院或者老年公寓是一种子女不孝顺、不想承担赡养父母责任的表现，实际上，只要老人开心，不管是住在家中还是与老伙计一起住在老年公寓，都没有关系，只要他们满意就好。

（7）引发互动：如果换成是你的话，你会选择怎样的康养方式呢？

按照以上思路编排出来的文章，思路和层次都很清晰，也容易让用户产生共鸣。

2.新闻报道型思路

适合对活动、故事、人物、变化的价值挖掘。类似的例子我们可以参考半月谈、凤凰新闻一类的公众号文章。

这类思路的特点如下。

（1）文章标题吸引眼球、引人入胜。

（2）和主人公匹配的是小人物大故事、大人物小故事。

（3）具有故事性，可读性高，用户容易接受。

（4）有一定的戏剧化，某些情节和用户想象的不一样。

（5）善于制造悬念，可以瞬间抓住用户的心。

（6）利用开放式结尾，引发大众思考。

同样，我们举个例子来具体说明这种编排思路。北京第二十四届冬奥会的颁奖花束——绒线花引起了大家的关注，针对这个关注点，如何挖掘故事、产出一篇深度音文呢？我们可以仿照以上思路进行编排。

（1）文章标题：北京冬奥"永不凋谢"的颁奖花束。"永不凋谢"的字眼吸引用户眼球，有一定的悬念。

（2）主人公：北京冬奥会和冬残奥会颁奖一共用了1251束花束，参与钩编的人员中，有来自困难家庭的女性，还有残疾人。这是典型的小人物大故事。

（3）故事性：用"海派绒线编结技艺"手工制作颁奖花束是一件非常不容易的事。其中北京的脊髓损伤患者郭媛媛，由于大小便失禁，上一次厕所的整个流程需用约半小时，所以她白天很少喝水，为了节省时间赶进度，她通常是根据自己的工作效率，领一定量的毛线回家编织。

而刘晓云那段时间由于过于疲劳，她的伤腿"像柱子一样沉"，她年轻时因意外事故导致残疾，她太能理解这份"绒耀之花"带给残疾人的意义了。它不仅是冬残奥会上的颁奖之礼，也代表同样身有残疾的"制花人"们，是表现匠心、蕴含荣光的"嘉奖之礼"。

（4）有一定的戏剧化，某些情节和用户想象的不一样：独一无二的背后，是大量的人力和时间。每束花中花材各异，导致编花技法也不尽相同，所以完成一束精美的花束，需耗时长达35个小时，制作所有花束耗时接近5万个小时。

（5）打破悬念：绒线花，又叫毛线钩花，是利用各色毛线精妙地钩织而成的，花要层次分明，质感蓬松，立体感强，貌似鲜花，才能达到以假乱真的效果。绒线制作的奥运花针法细腻，工艺精湛，色泽柔和，容易清洗，不变色，有"永不凋谢"的特点。

（6）利用开放式结尾引发大众思考：这次参与北京冬残奥会颁奖花束制作的150多位残疾人中，有不少年轻人，残疾不仅令他们的精神受到打击，更为他们增加了经济方面的负担，"如果我们找不到工作机会，就只能在家'啃老'。"郭媛媛说，他们也希望通过制作绒线花的机会、借助冬奥会，让更多的人关注到他们这个群体，让更多伤友获得就业机会。

这种新闻报道型编排思路已经打破了传统新闻六要素（Who、When、Where、What、Why、How）的平铺直叙方式，更容易挖掘闪光点，更容易激发用户的阅读兴趣，并产生共情的效果。

3.价值输出型思路

适合对美好生活、价值观传递的挖掘，并适用于展现一系列活动或说明一整套产品的内容创作形式。

这类思路的特点如下。

（1）引导性说明，文章开始通过总体介绍引发阅读。

（2）分段式标题，通过排比句式的标题输出美好价值。

（3）分段式描述，每段内容进行详细阐述并附加事例。

（4）来源追溯，讲解服务/产品设计过程和价值产生过程。

（5）可参与性，添加邀约体验、优惠福利及活动预告。

我们可以列举阿那亚公众号中的一篇文章，来对这种编排思路进行说明。

这篇文章的标题是"阿那亚女神节丨她，有千百种力量，守护世界美好生长"。

（1）引导性说明：在阿那亚，女性是"美好"的另一种代名词。这种美好，是由内及外的美丽，是柔软而坚韧的善意，是活泼中的安静，幽默中的智慧，是内心强大，人格独立，是勇于接受挑战，自由追逐梦想，是对诗意而开阔的人生孜孜以寻……

（2）分段式标题，利用十个排比式的分标题，体现美好价值：

她，是勇敢的 /SHE IS BRAVE

她，是美丽的 /SHE IS BEAUTIFUL

她，是热情的 /SHE IS PASSIONATE

她，是自由的 /SHE IS FREE

她，是诗意的 /SHE IS POETIC

她，是安静的 /SHE IS QUIET

她，是柔软的 /SHE IS SOFT

她，是幽默的 /SHE IS HUMOROUS

她，是智慧的 /SHE IS INTELLIGENT

她，是坚韧的 /SHE IS TOUGH

（3）分段式描述，如在标题（她，是热情的）之后的详细描述：热爱生活，精致人生，是一种热情，也是一种态度。在海边闲适的日子里，她或许会饮一杯清茶，点一缕清香，坐看云卷云舒；又或许会精心烘焙可口的点心，和邻居一起，分享生活的美好与快乐。她也会专心地修剪一枝花丫，一簇绿枝，在春风中摇曳着最美丽的身影。在街区转角约上志同道合的朋友，一起参加一节陶艺课，或者某个手作活动。生活由无数的细节构成，点点滴滴对生活的执着和热情，便汇聚成了独属于她的小确幸。仿佛让用户亲眼见到了阿那亚社区的女性热情对待生活的各种场景。

（4）来源追溯：文章中搭配了阿那亚社区活动的实景图片和视频，让用户感觉来源真实，可信度高。

（5）可参与性：文章最后添加了阿那亚女神节社群活动的海报，并附带各类社群链接，方便用户点击了解详情。

阿那亚公众号中有类似编排思路的文章还有不少，感兴趣的朋友可以认真阅读参考。

以上三种深度文章的编排思路比较符合康养项目内容产出的特点，因为康养项目需要展现生活方式、体现人性闪光点、讲好温情故事、输出美好价值观。当然，每一篇文章的编排思路不尽相同，也都各有千秋，大家在日常浏览自媒体时，可以多加留心和关注，肯定会对自己的内容创作有所帮助。

四、深度音文内容的发布与互动

深度音频和文章创作完成后，我们要进行内容的分享与互动。

1. 发布

文章类内容的首发平台非微信公众号莫属，在前文中我们也谈到了康养项目的运营最好使用服务号，尽量不用订阅号；如果有精力和能力的康养项目员工，可以将服务号与订阅号配合使用，建议将触达用户的深度价值类内容在服务号内发送，而订阅号只作为日常信息、企业文化的宣传阵地。

（1）公众号发布：在文章的开头或结尾添加"导语""编者按"，并做到文字输出音频、音频整理文字，音文同步。比如#编者按#近日北京市政府发布了《北京市养老服务时间银行实施方案(试行)》，这可是康养行业的一件大事，也深刻关系到现在和未来每一位老百姓的康养问题。今天我们认真梳理了时间银行的相关政策规定，在这里和您一起分享具体内容。

（2）内容加分类：在公众号内可以设置栏目和标签，可以根据内容和话题，把具备深度价值的音文内容进行整理，让用户在浏览完每篇文章后，可以继续查看同类好文。比如#服务点滴##长辈生活##行业资讯##美好瞬间#等。

（3）私域流量池中分享：在康养项目的私域流量池中进行分享转发，如朋友圈和长期微信群，并附加"分享语"，说明你的观点和态度，引发用户关注。

（4）友情号/大V号合作：公众号的粉丝圈层和覆盖面不同，你可以选择和更多的友情号合作，或者让大V帮你推广，并在文章中替换成他们的"导语""编者按"，加大传播力度。

2.互动

我们在分享完深度音文内容后，一定要继续做好互动，互动的意义是让深度价值体现出来，如果能找到一些话题点，更有利于内容的传播。

（1）打赏与评论。为了产生互动，可以在微信公众号平台开启打赏和评论功能，评论里不论正反观点都值得分享；有时候评论比正文更精彩。

（2）发起话题。可以在私域流量池中围绕有深度价值的音文内容发起话题，也可以做一些问卷调查，引发用户的讨论和参与。比如前文中提到的牛犇老师住进康养院的例子，当产出了深度文章后，可以在私域流量池中发起话题：#话题参与#著名表演艺术家牛犇老师住进了康养院，小编进行了详细的调查了解，欢迎大家点击阅读文章。在这里，也邀请您谈谈对这个社会热点话题的看法，您觉得牛犇老师的选择是正确的吗？欢迎发言，字数不限，我们还有体验券赠送哦！

（3）用小编的话引导用户点赞、在看、转发、收藏，让更多人看到这篇深度文章。

（4）后续发酵。康养项目员工可以配合深度音文的产出，根据热度继续进行相关人物专访、直播与互动、活动预告体验等一系列动作，让热度持续下去，让内容更深刻。

用视频传递生活方式

视频是传递康养生活方式的最好载体。视频内容更直观、感性，更有视觉冲击力，代入感强、感染力强，有表现张力。视频的创意丰富、创作内容多样。在移动互联网时代，视频更具有互动性和主动传播性，而且其传播速度快，制作成本相对低廉。

我们先来看两个典型的现象级视频传播案例，如图7-2所示，并通过这两个案例分析优秀的视频应该具备什么样的要素。

	画面	内容	镜头语言	音乐音效
李子柒	唯美 仙气飘飘 古装美女 人间仙境 渲染与优化	美食 种植 辛劳与收获 田园生活 向往桃花源	长镜头 一镜到底 固定机位	无音乐 大自然和生活的声音：劈柴声、切菜声、炒菜声、流水声等

	画面	内容	镜头语言	音乐音效
张同学	真实 土到掉渣 普通农民 贫困人家 现实生活	日常生活 起床后的一天 小美好与劳动 农村生活 触发回忆场景	多机位 分镜头	《Aloha Heje He》 虽微小却执着 常平淡却从容 因向往而前行

图7-2 现象级视频传播案例中的核心要素

从2015年开始，李子柒就在美拍平台上传播原创视频，后来又转移到微博平台。她的视频定位清晰，只做古风美食、传统文化的相关内容。随着短视频的兴起，李子柒迅速走红，其海内外全网粉丝量超过一亿人。

2021年10月4日，张同学在抖音平台发布了他的第一条视频，他的视频定位是独特的东北农村场景，是农村生活的真实写照。截至2021年12月7日，在抖音更新视频仅过了两个月左右的张同学，依靠39条短视频使其抖音粉丝量突破1400万。

李子柒和张同学的视频对比明显，各具特色。

从视频画面上看，李子柒的画面唯美、仙气飘飘，她身着古装在山水田园间，宛若古装美人，让用户有强烈的向往感。张同学的画面可以说是乡土气息浓厚，体现了贫困农村大龄男青年的现实生活，具有很强的视觉冲击力。

从视频内容上看，李子柒的内容展现了美食从田间到餐桌的全过程，包括播种、育苗、种植、采摘、加工制作的每一个环节，体现了辛劳与收获，呈现出一种让世人羡慕的桃花源生活。张同学的内容则展现了普通农民起床后的一天，夹杂着一些生活的小美好与劳动的快乐，在城镇化率逐步提高的时代，传统的农村生活更易让人们触发回忆场景。

从镜头语言上看，李子柒的镜头语言中有很多固定机位，她擅长利用特写来突出食材细节，利用超长镜头来表现季节变换。张同学的镜头语言中，善于使用分镜头，一段7分钟的视频，运镜达290多次，视频节奏较快，且衔接流畅。

从音乐音效上看，李子柒的视频大多无配乐，取而代之的是大自然和生活的声音，如劈柴声、切菜炒菜声、流水声等，感觉真实而美好。张同学的大部分视频配乐是《Aloha Heje He》，配乐能体现平凡人的虽微小却执着、常平淡却从容，因向往而前行的精神。

从以上的视频制作对比中，我们知道了画面、内容、镜头语言和音乐音效是优质视频的四个关键要素。而这两个现象级的视频传播案例告诉我们，爆红的视频所传递的大多是生活方式，是人们向往的生活或回忆的场景。我们的康养项目所体现的就是用户的生活方式，所以说，视频作为内容的产出形式之一，是康养项目私域流量运营中提供价值的最好载体。

当然，视频的形式有很多种，像影视剧、广告、网络视频、宣传片、微电影等，都属于视频的范畴。在进行康养项目的营销推广和品牌宣传时，我们会更多地用到广告、微电影、宣传片等形式，而私域流量运营的内容产出则会更多地使用网络视频的形式。

一、适合的视频长度

既然网络视频是私域流量运营中主要的内容产出和传播形式之一，那么符合康养行业用户特点的视频长度应该是多少呢？我们先来分析一下网络视频中的短视频和中长视频的特点，具体内容如表7-2所示。

表7-2 不同时长的视频特点比较

	时长	认知范围	特点	展现内容	运用价值	传播途径	拍摄画面	创作者
短视频	十几秒不超过1分钟	感性	短平快碎片化印象化	娱乐性、模仿性、快节奏	流量的生意带货模式粉丝增长	短视频平台抖音、快手西瓜短视频	竖屏、横屏手机拍摄	UGC个人生产简单、易上手、模板化
中长视频	3~5分钟不超过15分钟	理性	有深度具体化有认同	完整故事性、内容性	内容的生意需求价值会员增长	短视频平台视频网站微博、视频号	横屏为主专业设备	PGC企业生产专业策划、产出、传播

网络短视频的概念比较杂乱，我们把时长不超过 1 分钟的视频都称为短视频。由于其时间很短，所以信息过于碎片化，只会给人以感性的印象，短视频所展现的内容更多的是娱乐搞笑段子、模仿秀和快节奏口播，更多的是用户个人进行的内容创作（User Generated Content，UGC），专业性较差。这类视频的背后，往往是流量生意，体现的是带货模式，关注的是粉丝增长。

相比较而言，我们把时长在 1 分钟以上、15 分钟以下的视频归类为网络中视频。由于有了相对较长的时间，中视频可以很好地展开内容，也能展现出更多情节和故事性，让用户产生理性的认知，感受到深度内容的价值。中视频体现的内容较多，对于前述的视频四要素的要求更高，所以其更多的是企业组织专业团队进行的内容创作（Professional Generated Content，PGC）。这类视频的背后，往往是内容的生意，体现的是需求价值，关注的是会员增长。

而时长在 15 分钟以上的视频就是网络长视频了。在相关统计中，无论男性还是女性，对于超过 15 分钟的网络视频，忍耐度都是较低的。

通过以上的比较分析，我们可以看出，网络中长视频适合传递价值和展现内容，PGC 的方式也适合企业进行内容产出。从康养用户的关注程度和传播效果来看，不超过 15 分钟的网络中长视频也是最佳的选择，特别是时长在 3~5 分钟的视频，最受退休人群欢迎。这也是由康养用户的人群特点和康养行业特点所决定的。

之所以说是由人群特点所决定的，是因为康养用户有以下特征。

1. 时代背景

康养用户都是从纸媒时代走过来的人，他们有深度阅读和学习的能力，能理性判断事物并进行独立思考。他们和成长于移动互联网时代，习惯消费知识快餐的年轻用户，有着本质区别。如今，人们平均 3 秒滑走一个信息，但这种阅读习惯对于康养用户来说，反而不太适应。

2. 时间充足

退休后，康养用户相对悠闲，有较多的时间，可以长时间观看视频并消化内容。这与当今年轻人的快节奏生活、碎片化学习，形成了鲜明的反差。

3. 身体需求

康养用户的身体机能逐渐退化，阅读文字的困难度加大，他们更愿意聆听、观看视频，并用大屏的方式获取信息，这与时刻手握手机的年轻人有所不同。

4. 人生阅历

康养用户的人生经历丰富，他们更希望看到有回忆、有故事、有思考、有情感的内容，而简单的感官认知和低端模仿并不能打动他们，也不能让他们产生共情。

之所以说是由行业特点所决定的，是因为康养行业有以下特征。

1. 产品类型

康养行业卖的是服务、体验和生活方式，这种产品无形且长期，需要通过深度的内容才能体现其价值。这与快消品的低价值、高频次的产品类型是完全不同的。

2. 会员模式

康养行业和康养项目更注重圈层文化，倡导的是邻里社交，渴望的是价值观认同，营造的是生活氛围。这与流量时代的粉丝经济有着天壤之别。

3. 消费行为

用户在康养项目内的消费是衣食住行，换来的是家的感觉，是全方位的生活所需。这与单一产品只满足单点需求和短期需求的产品理念存在差异。

4. 成交周期

康养行业做的是长周期的生意，用户入住康养项目作为整个家庭的重大事宜，会受众多影响因素的制约。这与短视频平台快速留存变现的商业逻辑格格不入。

5. 行业现状

目前康养行业的很多项目也都在尝试着做视频产出和传播，但大部分的视频内容都比较雷同，无外乎用户早操、项目活动、锻炼身体、营养饮食、娱乐生活等内容，这类短视频往往画面粗糙，制作不专业。这种现状亟待改变和破局。

综上所述，适合康养项目私域流量运营的视频是网络中长视频，最佳的内容产出和传播时长为3~5分钟，用户观看无压力，项目员工的制作周期短。

二、适合的拍摄内容

用视频传递生活方式，其实就是用视频讲故事。这个故事就是康养项目里的生活百态，从有品质的物质生活，到有品位的人际交往，并从中折射出人在精神层面所追求的价值观、道德观、审美观。

1.有场景的服务

在场景中讲述服务故事，比如：

（1）一道菜的全程记录。食材从采摘、运输、加工、烹饪到端上餐桌的全部过程，反映的是项目对餐饮工作的食品卫生、营养健康和品质等要求；

（2）管家小王的一天。讲述小王从打卡上班开始，在一天内遇到的人和事，借此表现的是项目管家服务的注重细节和用心，以及管家和用户的融洽关系；

（3）张大爷的康复之路。讲述张大爷入住项目后通过康复指导和锻炼，从轮椅上站起来，并逐步恢复行走能力的过程，以此表现康养项目员工康复技术的专业性和服务能力；

（4）李奶奶外出旅游半个月。康养项目员工把李奶奶的房间进行了翻新重装，并在除味后把所有物品细致归位，借此说明项目的工程维修和保障能力很强，同时项目各部门间的协作配合流畅；

（5）社区超市的新生记。为了满足社区居民的更多需求，社区超市历经重新选址、规划、设计、装修，重新开业并实现了无人收银功能，以此体现社区满足居民需求的价值观和做事风格。

2.有品位的生活

在日常中展现生活品位，比如：

（1）游泳班开课啦，你们猜谁是教练？原来是项目聘请了一位长辈作为游泳教练，体现的是长辈爱好运动的生活状态，在项目里长辈们能时刻保持健康，并把快乐分享给他人；

（2）今天的模仿秀有点不一般。原来是话剧《雷雨》的社区版演出，可以看看大家各自扮演的角色与原角色像不像。从侧面映衬出了社区的高品质文化活动氛围；

（3）一株葡萄藤的春夏秋冬。描述用户在园区内体会种植的乐趣，并把收获的果实与大家分享的故事，也表现出了项目四季的园林景观，并附加了工作人员日常的协助以及长辈生活圈的社交状态；

（4）第八期博士进修班开课了。详细讲解了项目内的老年大学是如何设置课程、传授知识的，鼓励用户深度学习并创作毕业论文，让用户在观看后觉得很有意义；

（5）胡爷爷的回忆录终于出版了。讲述了康养项目员工如何帮助长辈实现梦想的过程。

3.有故事的社交

在项目中用心记录温暖，比如：

（1）我们的模特队要走向全国了。表现了社区内的长辈俱乐部的活动既丰富多彩，又有专业高度。同时社区也为各个俱乐部创造了更好的交流互动平台。这也能够从另一个角度体现模特队内长辈的社交氛围；

（2）一杯咖啡聊出了过往。王叔叔和李大爷在项目的会客厅喝咖啡，聊天后才发觉两人在年轻时都当过知青，只不过是在同一个地方的不同大队而已。通过这个故事既体现出了项目社交空间的精心设计，又展现出了邻里间的圈层文化；

（3）爱下棋的王大爷住进了康养社区。讲述了王大爷之前经常在居民楼的院子里下棋，在入住了康养社区之后，他又迅速找到了有同样兴趣的伙伴。可以从侧面展现项目的社交空间和邻里关系；

（4）疫情下的小团圆。疫情使得李奶奶和好友几年未见，为了了却心愿，康养项目员工在保证防疫安全的前提下，精心创造条件，组织大家聚餐、唱歌、聊天，满足了李奶奶的全部心愿，令长辈们非常满意。

4. 有保障的康养

在保障中有尊严地老去，比如：

（1）赵奶奶"变形记"。可以讲述患有阿尔茨海默病的用户在入住前后的变化，体现出项目的专业照护能力和员工对待用户的耐心；

（2）凌晨两点响起的铃声。体现出项目对紧急事件的反应速度，以及医护人员实施院前急救的保障措施。让用户看后安心、放心；

（3）我成为金卡会员的这一年。可以以用户的视角详细介绍不同会员级别所能享受的权益，并通过长辈选择金卡的理由，体现出项目产品与用户需求的匹配程度；

（4）隔壁楼的秘密探访。李叔叔手术后出院，被临时转到了社区的照护区，今天我们带着用户们的问候，去探望一下。可以展示出项目对护理的理念，以及项目在术后康复方面的专业性，让用户感觉社区有很强的服务保障能力，能提供全生命周期的服务，使大家可以有尊严地老去；

（5）钱阿姨卖房记。记录钱阿姨入住项目一年间，在这里找到了家的感觉，并毅然决定卖房，她委托项目工作人员办理此项事宜。这也体现出用户对我们极大的信任和肯定。

好的视频素材同样需要我们用心挖掘，要用讲故事的手法拍摄视频，而不要把视频变成肤浅的产品介绍和简单的场景展示。只有真诚的故事才能吸引人、打动人，才能正确地传递生活方式，从而让更多的用户感同身受。

三、如何拍出好视频

前面我们谈到了，网络中长视频的内容产出者大多是企业，那么对于康养项目来说，如何才能产出好视频呢？一是找到懂拍摄、会剪辑的专业员工；二是把专业的工作外包给专业公司去做，我们做好相应的品控和把关。相信目前大部分的康养项目都会算成本账，但无论如何，我们都要先对康养项目进行视频产出的过程有一个大致的了解。

首先列举一个上述内容中的案例，详细说明一下如何拍出好的视频作品。比如，一株葡萄藤的春夏秋冬。这个视频的拍摄应该考虑以下问题。

1. 找到你的网红奶奶/爷爷

建议首先在你的私域用户中寻找演员，可以选择形象气质好、个性鲜明、有一定舞台功底与表演天赋的用户来参与康养项目的视频拍摄。不太建议使用外聘演员，尽管他们的颜值、身材和表演功底都很好，但是这种类型的演员更适合拍摄项目宣传片和广告。而对于私域流量运营的视频，展现的则是日常情景和生活点滴，需要更具体化的剧本和更真实化的人物。

我们可以选择项目中真实的人物作为例子中的主角，比如在社区认领种植葡萄藤的李奶奶。

2. 设计你的输出内容

（1）编排故事。

故事其实并不复杂：在康养社区的树木认养活动中，李奶奶认养了一株葡萄藤，这是一株两年的幼苗，并不强壮。春天李奶奶浇水疏枝，静待开花，协助授粉；夏天李奶奶施肥疏果、防晒驱虫、固定新枝；秋天李奶奶获得硕果累累，采摘葡萄并与社区的朋友分享，她还特别举办了一次茶话会，进行品鉴；初冬李奶奶对葡萄枝进行大修剪和防冻保护，静待来年。

（2）编写脚本。

接下来，我们需要把故事编写成脚本，设计分场景和拍摄内容，比如：

①项目园林建筑的场景如下。

◇ 春季镜头：社区万物生发，姹紫嫣红，植被和景观的层次感。

◇ 夏季镜头：树木盛绿、知了鸣叫、绿荫片片，建筑的园艺小品。

◇ 秋季镜头：色彩丰富，蓝天映衬，秋高气爽的园林景观。

◇ 冬季镜头：园林雪景、踏雪寻梅等。

②李奶奶劳作的场景如下。

◇ 劳作场面镜头：疏枝、疏果、施肥、浇水、授粉、防护等。

◇ 其他镜头：廊下静坐、清晨查看、与友相谈等。

③工作人员协助的场景如下。

◇ 搬扶梯子、协助提供劳动工具、协助查询种植知识等镜头。

④采摘收获的场景如下。

◇ 采摘场景：亲自采摘、廊下盛装、过往行人观望驻足等。

◇ 果实特写：葡萄果实特写、葡萄藤全景。

⑤项目内社交欢聚的场景如下。

赠送葡萄镜头：赠送友人、赠送工作人员。

茶话会品鉴镜头：朋友相聚、相谈甚欢、分享种植乐趣。

（3）确定各个场景和镜头的主要演员、群众演员，并确认拍摄导演。

3.思考视频的四要素

在设计好剧本和分镜头后，我们要重点考虑一下拍摄视频的四要素，就是前面讲过的画面感、内容、镜头语言、音效音乐。针对拍摄主题，我们可以进行如下策划。

（1）画面：因为要更多地体现园林和建筑，画面整体定位可以唯美一些，增加一些滤镜效果，可以通过对人物安排不同颜色的着装来体现镜头中的色彩对比。

（2）内容：把前面设计的故事讲好。

（3）镜头语言：仔细研究每个场景镜头的表现形式，考虑远景、近景、长镜头、不同角度的固定镜头以及特写镜头的运用。

（4）音乐和音效：不用体现强烈的节奏感，可以采用缓慢的轻音乐作为背景，出现劳作、交谈的场景时，弱化背景音乐声，突出劳作、交谈的声音。

4.跨越视频的四个阶梯

一条优秀视频的策划与制作需要跨越四个阶梯，分别是感官化、情绪化、故事化、人性化，如图7-3所示。

```
感官化                情绪化              故事化              人性化
视觉冲击、声音        喜怒哀乐、七情      有生活、有回忆、    有思考、有感触、
捕获、声色犬马        六欲                有认同、有向往      有启发、有回味
```

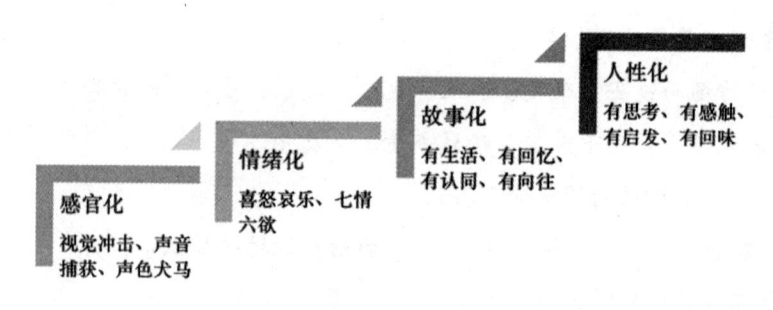

图7-3 一条优秀视频应具备的四项特征

（1）感官化。

好的视频首先要在感官上让用户觉得有视觉冲击力，这种体会是通过色彩、节奏、声音、转场来实现的。冬奥会开幕式的二十四节气倒计时的画面，就是感官化的明显体现。

如果想要表现出案例中的感官化，就要特别把握社区园林的四季变换以及各个季节的色彩更替，甚至可以用一些超长镜头记录固定景物的长时间变化。

（2）情绪化。

好的视频要体现出人物特色。每个人都是独一无二的，有个性，有喜怒哀乐和七情六欲。在拍摄过程中要注意挖掘每个演员的个性化情绪，这样才会更具真实感。

比如李奶奶是个什么样的人？我们可以通过镜头语言来展现：见人主动问候，笑容可掬，不麻烦别人，谦谦君子的性格；或表情严肃，不苟言笑，但却内心火热。这些都可以通过镜头进行表达。再比如，李奶奶怕下大雨淋坏葡萄时的焦急神情、摘葡萄时不小心葡萄掉落地上，李奶奶的心疼神情，这些都是情绪化的表达。又比如，邻里好友看见李奶奶在劳作时的问候和关心，员工协助时李奶奶的感谢，这些也都是情绪化的表达。个性化的情绪表达会让视频更有血有肉。

（3）故事化。

好的视频要体现出故事化，要有生活、有回忆、有认同、有向往。这也是我们一直在强调的核心要素。

（4）人性化。

好的视频要展现出人性的光辉，让用户在观看后有思考、有感触、有启发、有回味。要想充分体现人性化，首先要有出色的剧本。比如，腾讯视频制作的短片《一个人的车站》就是视频人性化最好的体现，视频长度不到5分钟，因本书篇幅原因，只能在此简单摘录其中的一部分内容，感兴趣的朋友可以在网上详细查看。

3月25日，日本北海道JR石北线旧白泷车站进入最后一个运营日。旧白泷车站因位置偏僻，连年亏损，有人曾建议关掉这座车站。后来日本北海道旅客铁路公司发现，有一位名叫原田华奈的高中女生还在使用这座车站，于是决定继续保留这座车站至原田华奈高中毕业。

企业在商言商，追求利益最大化，在境况不佳之际，关停连年亏损的车站，原本再正常不过。然而在商业利益和社会责任面前，该企业选择了后者，值得敬重。《一个人的车站》之所以广为流传，甚至感动了无数中国人，不仅在于事情本身的美好，更在于它触动了一个公共议题，即无论企业还是政府，究竟应该如何对待民众？

我们列举的这个案例也是一样的道理：如果只有李奶奶种植、养护葡萄的故事，那么这个视频充其量只登上了好视频的前三个阶梯。但如果我们把脚本修改一下：李奶奶的老伴王爷爷曾经是一名老教授，原先在家时他利用家里的小院种植了几株葡萄树，葡萄树一直都是由王爷爷悉心打理，每年中秋节前后都会收获满满的葡萄，除了将葡萄送给邻居、亲属外，老两口可以一直吃到十月底。两年前王爷爷因病去世，家中的葡萄老藤也突然枯死了，李奶奶因此更换了居住环境，来到康养社区。其实通过种植葡萄，也寄托了李奶奶对老伴的思念之情。这样修改后的脚本，增加了人性化的要素，会让用户产生情感的共鸣与认同。

四、视频的传播方式

中长视频制作完成后，康养项目员工应该如何发布和传播呢？建议大家通过三类渠道进行视频发布，这三类渠道的传播意义和作用各有区别。

1. 用微信视频号实现首发

通过微信视频号打造康养项目的私域流量IP。

微信视频号是微信生态闭环中的重要程序之一，也是私域流量运营的新战场。由于微信朋友圈的功能无法满足用户的视频表达欲望，所以腾讯官方推出了视频号，并且从趋势上看，其将会逐渐成为视频传播和品牌价值输出的主战场。

视频号建立了与抖音、快手短视频平台不同的推荐模式，它并不是按照用户的兴趣内容分发推荐，而是通过社交分发方式，比如"看看朋友都在看什么"，利用微信好友以及熟人之间的社交关系进行内容互动，赋予内容更多的社交属性。从视频号的定位上看，其内容更多以情感、文化、教育为主题，弱化了游戏、搞笑等过度娱乐化的视频。因此视频号属于康养用户群体能够从容接受的内容。

微信视频号目前可以发送时长1小时以内、大小2GB以内的视频，可完全满足康养项目对于传播中长视频的要求。同时，视频号的功能也在不断完善，目前视频号不仅可以与公众服务号相连接，让用户在关注图文内容的时候可以轻易获取视频资料，而且员工也可以通过视频号进行私域流量池内的直播互动，视频号是与私域用户建立信任关系、保持长期黏性的又一重要场景。建议大家一定要建立起康养项目的视频传播阵地。

2. 用微博和抖音进行传播

微博和抖音作为航母级别的公域流量平台，我们使用它们最主要的作用就是进行传播和引流。

微博已经在原先图文架构的基础上，实现了视频化发展战略。康养项目也可以在微博上打造品牌IP，使用微博视频号传播原创视频。微博视频支持移动端和PC端的上传与播放，但两者对于视频时长和大小的限制是有所区别的，不过两者均支持时长15分钟以内的视频的上传和播放。

抖音、快手等短视频平台对于时长15分钟以内的视频的上传限制不多。

康养项目员工把原创视频放在抖音、快手平台传播的作用主要是依靠内容，将公域流量引流至私域。

3.用视频类网站体现专业

这里说的视频类网站是指腾讯、优酷、爱奇艺等流媒体平台。这类网站更支持中视频和长视频的传播，可以绑定企业品牌形象、锁定频道并精准定位人群。

同时，这些视频类网站也在不断进行战略迭代，可以使PGC更专业，还可以结合算法模型，对内容产出提出建议，并且具备多端多屏联动优势，在互联网时代具备充足的发展潜力。

视频传播是近两年来最火的传播方式。其中，资本起着巨大的推动作用，各类公域流量平台的迭代转型，也让视频化战略成为必由之路。同时，我们也看到，短视频类网站让个人的知识传播、才艺表演成为流量变现手段，从而形成了全民视频传播的热潮。

作为康养行业的营销、运营人员，我们要冷静地看待这种现象，千万不要别人做什么，我就学什么，否则既浪费人力，又浪费财力，还起不到良好的传播效果。我们还是要把目光聚焦在康养用户身上，看到他们的需求的本质，挖掘自身的产品逻辑，掌握不同渠道的特性，这样才能把自身的内容传播做到最好。

用直播创建知识店铺

2016年是网络视频直播元年，短短几年之内，网络直播已经成为国内主要的商品带货方式、用户连接方式以及时尚社交方式。

几乎所有的企业都在尝试直播带货，所有的商品品类都有人在卖，现在若你想找到一个直播带货领域中没有的品类，难乎其难，而直播带货领域也产生了严重的内卷现象。从政策层面上看，为了实现共同富裕的目标，平台的流量更多地向广大农村和欠发达地区倾斜，国家支持和鼓励原生态农副产品和手工制品的直播带货销售。

网络直播也已经成为了很多企业连接用户的新方式，利用网络直播工具和平台来宣传介绍新产品、召开网络品牌发布会、举办线上论坛和沙龙、开展在线宠粉活动等，是新的企业品牌宣传阵地和新的用户交互场景。

网络直播方式让身边的很多人成为了创业者、网红、主播，特别是对于"千禧一代"来说，"来我直播间"已经成为一句时尚社交用语，直播间成为释放自我、彰显个性、结交朋友的新社交平台。

一、用户需要什么样的直播

目前，各大直播平台主要的直播类型有：

（1）秀场直播：聊天交友、唱歌跳舞、才艺展示；

（2）电商直播：产品介绍、爆款抢购、专业带货；

（3）真人直播：吃播美食、口播讲解、逛街探店、购物砍价、手工制作；

（4）游戏直播：网游互动、游戏介绍、可见攻略、训练讲解；

（5）教育直播：网络课堂、线上教学、网络答疑、名师互动；

（6）公益直播：公益带货、公益宣传、公益捐献等。

在如此多的直播类型中，哪些是中老年人比较感兴趣的呢？而作为康养项目的主要用户群体，中老年人对于网络视频直播又抱有怎样的心态呢？如图7-4、图7-5所示。

图7-4 中老年人越来越关注直播平台

图7-5　越来越多的中老年人参与到直播中

从图7-4、图7-5可以看出，中老年群体参与直播的人数越来越多，他们或成为直播者，或成为观看者。而从AgeClub银发壹族（北京银发壹族科技有限公司）发布的调研数据情况来看，直播行业的发展对中老年人的生活方式带来了以下变化：

（1）中老年教育从线下教育加速向线上知识付费转型；

（2）疫情之下，京东/阿里/百度健康推出的名医直播成了老年人的"定心丸"；

（3）支付宝等支付平台入局直播，加速了中老年人理财线上化；

（4）抖音/快手等短视频直播平台逐渐俘获中老年人群。

其实观看直播是随意的，预约观看直播才有目的性。我们在无聊时，对于直播都是一条接着一条地刷，碰到喜欢的就多停留一会儿，碰到无感的会迅速滑走，没有任何目的性，这种状态说明了观看直播的随意性，也说明了用户此时需要的不是视频直播本身，而是他需要视频化的陪伴。这也是观看直播的中老年人的数量增多的原因。

而当你上好闹钟准备晚上去某知名主播的直播间抢东西时；或者你在咪咕视频直播间预约观看一场NBA球赛时；又或者你对某个大咖的股票行情分析感兴趣，每晚都要定时收看他的直播时，才会体现出鲜明的目的性。

要想让康养项目的私域用户预约和回看你的直播并为之付费，就要带给他们价值。而从中老年人感兴趣的直播内容中，我们可以看出他们的关注点主要集中在知识类、资讯类上。所以康养项目在做直播时，要更多地传播知识和资讯，这才是用户和家属更愿意看到的内容。

对于康养项目员工来说，需要把直播内容专业化，打造属于康养项目的私域知识店铺，让用户看到更有价值的内容；把直播模式生活化，在生活化的空间里，让观看直播的康养用户产生"进入"与"在场"感，在轻松愉快的氛围下，将项目的价值观传达给用户。

二、知识店铺的直播内容

知识类的直播可以通过直播平台，把知识生产者和知识消费者连接起来，内容生产者和消费者是有交流和互动的，知识店铺只是一个价值承载平台，其最终目的是让用户通过知识店铺与康养项目保持长期稳定的信任关系，这与私域流量运营的主旨完全一致，如图7-6所示。

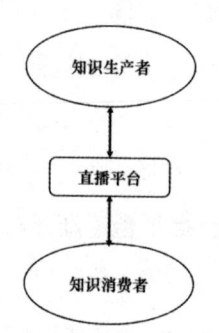

图7-6 直播平台可以连接知识生产者和消费者

通常来说，我们可以结合以下四类内容，搭建康养项目的私域知识店铺。

1. 日常生活类知识

（1）美食制作：如大厨教您做家常菜；妈妈的味道（与长辈分享记忆中的味道）；应季应该吃什么；如何做特殊人群餐等。

（2）生活技能：如教您如何玩转微信；如何使用打车软件；医院线上挂号秘籍；教您如何处理地漏反异味等。

在直播这类内容时，可以由项目员工进行讲解，用户配合出镜。

2. 深度学习类知识

（1）新事物：如新名词解释及应用、新领域解读（元宇宙、区块链）、新产品分析（线上 App、线下产品）等。

（2）文化阅读：如热门电视剧、电影推荐；我最喜爱的书；在线读书分享会；影评沙龙等。

（3）艺术鉴赏：如如何入门古典音乐；如何欣赏一幅油画；鉴赏《命运交响曲》；解读米开朗基罗等。

（4）在线课堂：涉及经济、军事、文明、社科、哲学、科技前沿、人物专访等的在线课程。

在直播这类内容时，需要邀请一些相关学者、专业人士或项目内有相关专业背景、从业经历和特长的用户参与。

3. 兴趣爱好类知识

如园艺种植、书法绘画、手工劳动、声乐朗诵、舞蹈形体、中西乐器、运动健身、摄影拍照等丰富的内容，都可以通过直播课堂的形式进行传播与分享。

这类内容可以邀请老年大学的老师和专业的用户来进行直播互动。

4. 医护健康类知识

（1）科普常识：如阿尔茨海默病的诊断与防治；如何在家庭中使用护理技术；地中海式饮食的特点和好处；如何查看化验单和体检报告等。

（2）专家讲解：如耳鸣的自我诊断和就医；心梗的前兆和紧急救助；脑卒中治愈后的康复等。

这类内容相对专业，可以让项目内的医护人员或者邀请合作医疗平台的知名专家进行直播分享。

三、选择适合的直播形式

直播的形式五花八门，针对康养项目的私域直播，以下三种形式更为稳妥和专业。至于选择哪种形式，还要结合直播的内容，并且考虑参与直播的人员的特点，下面我们来具体介绍一下。

1. 导播+录播形式

做法：先录制好直播时计划播出的视频，在直播开始时由主持人开场，然后播放录播节目，最后再由主持人进行总结。

适合场景：康养项目中的一些专业性强的知识类课程讲解，特别是专家和权威人士的讲解，对于他们来说，时间可能没有那么充裕，我们可以先安排录制，然后再通过这种方式进行播放。

优缺点：优点是课程完整紧凑，可以提前剪辑编辑，充分准备，并且可以作为视频进行单独传播。缺点是由于部分内容是提前录制好的，主讲人和用户之间的互动性差，直播感不足。

2. 导播+直播形式

做法：直播开始，由主持人开场，然后转场景，由嘉宾或主讲人开始直播，主持人辅助并进行最后总结。

适合场景：由于特殊原因，主持人和直播嘉宾无法在同一场景中出现，比如遇到疫情封闭、异地等情况；还有一些专家课堂、老年大学等深度学习类直播，在直播开始时往往需要进行课程导入并对嘉宾做一些介绍，因此更适合用此种形式。

优缺点：优点是直播过程完整、直播感强、准备相对充分。缺点是互动环节由主持人进行掌控，用户无法直接和主讲人沟通，互动性略显不足。

3. 直播+访谈形式

做法：从直播开始到结束，主持人和嘉宾及主讲人都在同一场景下，完全处于直播状态，他们除了完成直播既定的主题外，还可以进行彼此间的交流互动，并可随时回答观看直播的用户提出的问题。

适合场景：同一场景下的直播，对于"员工+用户"或"员工+员工"的组合都是适合的，如果是彼此间熟悉的人进行直播，则不再需要主持人，只需助播即可。如美食制作、生活常识分享、项目内俱乐部活动等内容，就比较适合用此种形式。

优缺点：优点是真实感、直播感强，互动性强。缺点是对于直播前的准备工作要求高，直播容错度低。

四、做好直播前的准备

PGC 的直播要体现出项目的专业程度，因此我们在进行康养项目私域直播前，要认真做好各项准备工作，避免发生直播失误，以及其他可能会降低用户信任度的情况，避免对项目的品牌造成负面影响。

1. 充足的直播设备

如果是用手机直播，则至少需要准备两部手机，一部用来直播，一部用来看评论。另外，最好准备支架、麦克风、补光灯等直播工具，以提升直播的声音和画面效果。最为重要的是，提前检查网络带宽和信号传输的稳定性，避免出现直播掉线、卡顿、延迟等状况。

资金充裕的康养项目可以打造一个相对专业的直播空间，采购更专业的摄影摄像器材、网络设备和直播辅助工具，这样可以长时间直播，同时可以兼顾其他内容产出形式的制作。

2. 精心选择直播场地

前文我们谈到了康养项目员工要把直播模式生活化，在生活化的空间里，让观看直播的康养用户产生"进入"与"在场"感。这需要我们精心结合直播内容来规划直播场地，不要千篇一律地使用同一房间、教室或直播间进行直播，这样会失去很多激发用户自发传播内容的机会。

为了让用户体验沉浸式直播，我们可以把直播间搭在用户活动集中的地方，比如社区客厅、主要通道、咖啡厅等，这样在直播时用户能看到其他用户来来往往的场景，很有真实感。我们也可以在美食制作直播时，把厨房作为直播场地；在用户分享生活常识时，把他们的居室房间和走廊作为直播场地；还可以把直播间搭在书画、手工、舞蹈、阅读等各类活动室里，这对于兴趣爱好类的知识分享是最好的选择；另外，季节适宜时，可以把户外园林景观或植被作为背景进行直播，让用户感受到项目的良好生活环境。诸如此类直播场景，我们都可以根据不同的直播内容用心考虑和选择，以增加直播的趣味性和互动性，让用户更有代入感。

当然，我们在直播前要保证这些场地的整洁有序，保持良好的视觉管理以及安静的直播环境，避免出现过于嘈杂的声音，这样才能让直播顺利地进行下去。

3.认真准备直播脚本

在直播前，康养项目员工要根据直播的内容，确定大致的直播时长，明确主播、导播、嘉宾、助播的角色分配，让每个人都有明确的分工。要提前设计好直播的主题，规定好直播时的关键节奏点，并确定直播时间和场地。

同时，要提前想好直播的串场词，对直播的内容做一些预习和预演，想好要用什么样的方式与用户进行互动。如果不仅仅是在康养项目的私域流量池内进行直播，那还要注重添加引流的相关内容。

4.做好直播预告和预热

提前制作直播预告和海报，利用微信及其他公域流量平台，提前进行宣传引流。在康养项目的私域流量池中介绍并发布直播预告，利用福利优惠、红包等形式做一些预热，以此吸引更多人的关注。

5.其他注意事项

在直播前要打开直播定位，这样平台可以直接推送给定位附近20千米以内的所有用户。如果康养项目有售卖商品的需求，可开通微信小商店功能，这是私域流量带货的必要条件。

五、搭建知识店铺矩阵

知识店铺的模式为康养项目的私域流量运营提供了新的舞台，作为展现康养行业深度内容和价值的阵地，知识店铺可以为中老年人在养生保健、健康管理、品质生活、兴趣爱好、深度学习等方面提供长期需求的解决方案。这种基于康养项目日常运营环节的知识店铺，既不同于公域流量平台上过于碎片化的知识（易让用户产生选择障碍），也不同于传统课堂教学模式大而空的泛知识传播（让用户感觉无法应用）。在认真分析和策划的前提下，每一次网络直播和后期内容视频化都可以变成小而美的知识传播，让用户觉得有意义、有帮助。

康养项目的私域知识店铺可以将直播和视频化结合起来，搭建自己的知识店铺矩阵。但我们做知识店铺的主要目的不是为了内容付费和知识变现，而是为了给用户提供长期价值，与用户建立长期的信任关系。

我们可以尝试从以下三个渠道搭建知识店铺矩阵。

1.微信视频号直播——从信任环境传播

康养项目员工在准备直播前，首先应该在微信视频号上进行尝试。前面我们也谈到了，视频号属于私域流量池，是微信生态闭环上的重要一环，它是通过社交关系来实现内容传播和用户增长的。

由于都属于微信生态工具，所以在视频号进行直播时，你可以很方便地在朋友圈和长期微信群中进行分享，可以分享直播预告，让用户实时地看到直播状态，如图7-7所示。

图7-7 微信朋友圈的直播预告和直播状态

利用视频号进行直播还有一个好处，就是可以与视频号的以往视频资源实现联通，用户在观看直播时可以看到视频号内的所有视频资源；用户关注视频号后，也能留意到你的直播信息，这样有利于我们获取垂直流量。基于这个特点，在康养项目的私域流量运营中，我们甚至可以把视频号当作知识店铺，无论是直播还是视频，都以知识产出和分享的形式出现，这样用户在进入你的微信公众号后，其体验到的功能是全方位立体化的，有文章的聆听与阅读、有视频和直播的观看、还有一系列功能性模块，这一切带给用户的感受是非常全面的。此外，利用视频号进行直播，也会获得直观的直播数据。每次直播结束后，主播都可以看到观众总数、直播时长、喝彩数、新增关注数，在视频号的直播后台，我们也可以查看完整的直播数据。

2.第三方知识店铺——靠专业平台赋能

康养项目员工也可以通过第三方平台来搭建自己的直播知识店铺，目前市场上认可度较高的工具平台有小鹅通，如图7-8所示。

图7-8 小鹅通官方网站对搭建知识服务平台的介绍

很多知识输出型的企业都在小鹅通上搭建了自己的知识店铺。小鹅通的功能比较完善，可实现直播、录播、回看，也支持知识变现和课程的分销推广；可以有单课、专栏课、训练营等多种类型，还支持视频、图文、音频等多种形式的知识编辑与分享。在数据跟踪方面，通过小鹅通也可以轻松地进行满意度调研、用户打分、用户分析与标签分类、学习分析、流量分析、交易分析等操作。

类似小鹅通这样的第三方平台，同样适合康养项目使用，它可以作为知识店铺矩阵的其中一环，打通微信生态圈，我们可以利用企微助手搭建与用户沟通的触点，可以一键触达微信公众号、小程序、视频号甚至抖音、快手短视频平台。这样可以使知识店铺的传播和引流变得更为容易。

3. 短视频平台直播——在公域环境引流

康养项目除了可利用微信视频号和第三方平台搭建知识店铺之外，也可以充分利用抖音、快手等短视频平台的公域流量优势，在这些平台上做直播分享、搭建知识店铺，并把流量引向私域流量池。

抖音公布了2019年最受欢迎的知识门类的前五名，其中一部分内容与康养用户感兴趣的内容相重叠，值得我们借鉴，具体内容如图7-9所示。

2019抖音最受欢迎的知识门类TOP5

花样涨知识，教育边界被扩展

TOP 1 美食制作：家常菜做法、辅食制作、懒人早餐、烘焙教学

TOP 2 语言教育：英语教学、日语教学、韩语教学、法语教学

TOP 3 学科教育：数学知识、化学实验、物理实验、历史知识

TOP 4 职业教育：电脑技巧、Office教程、编程教学、PS教学

TOP 5 知识科普：法律知识、消防知识、健康科普、天文科普

图7-9 抖音2019年最受欢迎的知识门类的前五名

在此我们把抖音、快手这种短视频平台的知识产出和分享的特征，进行了归类。

（1）三大优势。

①知识生产：较为丰富的知识类别和内涵、极大地拓宽了传播边界。

②知识传播：呈点状传播，在传播时镶嵌了人格化因素。

③知识内容：一般比较通俗易懂，也利于用户进行社交分享。

（2）三类定位。

①科普类：解决用户从不懂到懂的问题。

②教学类：解决用户从不会到会的问题。

③开眼类：解决用户从没见过到见过的问题。

（3）三种形式。

①口播：制作简单、成本低，但用户长期观看易产生审美疲劳。

②剧情：内容吸引人，但制作成本高，对演员的要求高。

③ Vlog：制作要求不低，在内容上需要不断创新，否则会导致吸引力逐渐降低。

在本书第三章的"引流场景之公域获客"一节中，本书讲解了如何搭建公域获客矩阵，其中方法之一就是短视频平台的传播引流。前文谈到，抖音账号可以实现三重功能：第一重功能是通过签名档的设置，让用户向微信个人号引流，完成导客到私域的过程；第二重功能是搭建商品窗口，在视频传播和直播时实现变现；第三重功能就是搭建知识店铺，实现内容创作和知识分享，成为行业KOL。第三重功能也与我们搭建知识店铺矩阵的想法不谋而合。

在抖音上，有许多做得不错的知识店铺账号，大家可以学习借鉴一下，比如，人类观察所，讲解的是剧情化的心理知识；只露声音的宫殿君，传播的是园林宫殿的历史知识；星球研究所，做的是专业的世界地理文化知识，等等。希望康养行业也能出现越来越多类似的知识类播主。

尽管带货模式被诟病许久，但直播无疑还是现在相对较热的传播方式。能不能飞起来，看的是有没有风，而能否飞很久，看的是有没有翅膀。我们要长出自己的翅膀，把用户需求研究透彻，产出用户最感兴趣的内容，才是长久的运营之道。

用游戏获取互动黏性

游戏正在以不可思议的速度改变着我们所认知的世界，也正在以不可捉摸的方式改变着我们的人生。让我们来看两个真实的例子。

例1：2021年11月6日，《英雄联盟》S11全球总决赛迎来冠军争夺之战。中国战队EDG成功战胜韩国战队DK，以3∶2的成绩拿下全球总冠军。在全球这场总决赛通过19家转播机构在34个平台上以18种语言播放。其中，在中国国内斗鱼游戏平台的在线观看人数突破了10亿，在B站（Bilibili）的观看人数达到了4亿之多，在虎牙直播的观看人数达到了惊人的1.9亿。

如果大家对游戏总决赛的观看人数还没有太多直观感受的话，我们来对比一下。

2022年2月1日，官方公布了1月31日的春晚观看数据，中央广播电视总台"2022年春节联欢晚会"再次刷新了多项收视纪录，海内外观众总规模达12.96亿，其中电视端收看为5.38亿人，移动端收看为7.58亿人。

例2：2004年推出的《魔兽世界》，目前全球玩家花在上面的时间总计超过了500亿小时，约等于593万年，相当于人类物种的演进时间。

以上两个例子分别对应着两款经典的网络游戏，大家能从中意识到，游戏已经改变了我们的生活方式、连接方式，甚至正在改变世界。谁又能证明电影《头号玩家》中的虚拟人生不是现实人生呢？

如果你认为玩游戏的群体更多的是年轻人，游戏对于中老年人的影响并不大，那么我们再来看两个真实的例子。

例1：2017年，五位瑞典老人组建了一支平均年龄高达72岁的《CS：GO》职业战队银色狙击手（Silver Snipers），如图7-10所示，他们的口号是"WE WILL FINNISH YOU（我们会终结你）！"（"Finnish"是芬兰语中"芬兰"的意思，和英语中"finish"的发音一样）。

图7-10 瑞典银发游戏战队

例2：在《英雄联盟》直播圈内，一位银发苍苍却手速敏捷的"高龄游戏主播"迅速引起关注，而他正是61岁的"疾风大爷"。"一天不玩浑身难受"，作为骨灰级玩家，"疾风大爷"因高超、熟练的游戏技巧，玩转难度系数五颗星的疾风剑豪亚索英雄，一跃成为超人气游戏主播。游戏从来都不是年轻人的专属，"疾风大爷"身上那份对游戏的热爱和其洒脱的人生态度，正是他实力圈粉的原动力。如今，"疾风大爷"已在抖音平台上拥有百万粉丝，其单个视频点赞数高达259.4万。

全球网络指数机构（Global Web Index，GWI）的最新调研数据也显示，2018年至2021年，全球年龄在55~64岁的游戏玩家的数量不断攀升，增幅高达32%。百度研究院近期发布的《百度游戏用户洞察》也显示，用户规模增长最为强劲的是"银发一族"，比例高达130%，而对比同期，游戏用户整体规模的增长速度仅达到10%。同时《百度游戏用户洞察》还对不同年龄层的用户对游戏的需求进行了分析，具体内容如图7-11所示。

由此可见，游戏已经不再是年轻人的专利，游戏已成为通往未来的路径之一，游戏化也已成为互联时代的重要特征之一。

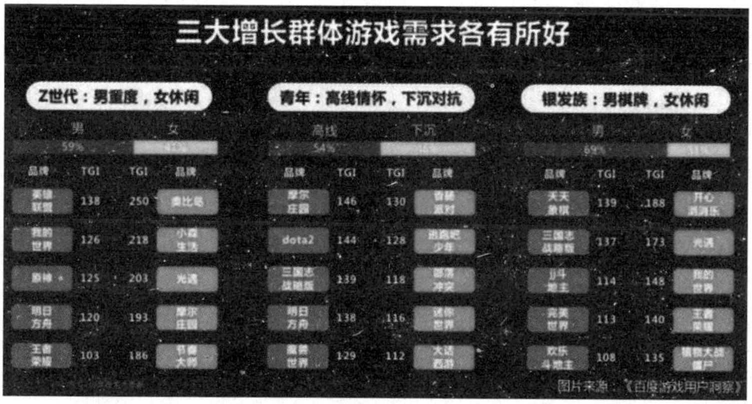

图7-11 《百度游戏用户洞察》对不同年龄层用户的需求分析

一、游戏能带给用户什么

从日常的生活状态来看，游戏已经成为中老年人除散步、广场舞、看电视外的第四大活动。康养用户之所以更愿意进入游戏的世界，原因如下。

1. 度过闲暇时光

游戏可以帮助康养用户克服孤独感、寂寞感，他们可以利用玩游戏来打发时间，充实自己退休后的生活。

2. 获得幸福感

游戏有一系列的目标设定，当通过关卡、获得升级时，能给用户带来成就感和幸福感。也许这种幸福感在真实的人生中并不常见，但从某种程度上说，康养用户在游戏中获得的幸福感可以弥补其真实人生中的缺憾。

3. 选择自由、参与灵活

游戏种类丰富，款式众多，用户可以自主选择自己喜欢并擅长的游戏，从而发挥自己的优势。这种选择不会受其他人或事物的制约，自愿参与、自愿退出，形式灵活。

4. 弥补缺憾

用户可以在游戏中扮演不同的角色，比如领导者、冲锋先锋、战略谋划家、管理大师，等等。同时，这些不同的角色能带来不同的荣誉、奖励，以及来自其他玩家的称赞和认可。通过游戏世界，康养用户可以弥补是在现实世界中的价值缺失。

5. 锻炼手脑

中老年人玩游戏，可以增强肢体的敏捷度，增强判断力，提升反应速度，同时对于他们锻炼手脑更有帮助，更有利于他们的身心健康。游戏的宽广世界比宅在家看电视更为丰富多彩。

6. 不脱离社会

不断推出的新游戏，都是时代变迁的产物，会带来更多的新名词、新玩法、新装备。中老年人勇于尝试新事物，认为"年轻人能玩的我也能玩，还能玩得更好"，有助于康养用户打开一个全新的世界。

7. 更广泛的社交

现在已经不再是单机游戏的时代，网络在线游戏极大地突破了居家的社交空间限制，游戏论坛、社区、在线聊天、线下快闪、Cosplay等社交形式多种多样。在线游戏也更有助于老人打破熟人社交圈，认识更多的同好者和陌生人，他们可以和不同年龄层的朋友进行交往。

8. 更乐观的情绪

游戏中的目标与激励，会给用户带来正向的引导，游戏会激励大家付诸行动，追求成功。同时，游戏允许失败，失败后还可以重来，这也是现实世界所不具备的属性。所以游戏会让康养用户保持乐观的心态，减少抑郁的发生，也与政府倡导的积极老龄化理念相吻合。

二、游戏的核心四要素

我们已经认识到了游戏存在的重要性，也知道了游戏对于中老年人的特殊意义和作用。那么我们该如何将游戏和康养项目的私域流量运营结合起来呢？首先，我们应该了解游戏是如何运作的。游戏是通过设定目标、制定规则、建立及时反馈和自愿参与的机制来运作的。

1. 核心要素——设定目标

游戏的目标设定有两种类型。

第一种是累计实现小目标，最终实现终极目标。一些养成类、战争类游戏，如《仙剑奇侠传》等，小目标可以是主角的升级、日常打怪、角色任务这些内容，在玩家一步步完成了所有的小目标之后，会进入最终的游戏场景，挑战终极目标。还有一些体育类游戏也属于这种类型，如极品飞车、FIFA、NBA等，每场比赛都是一个小目标，玩家还可以设置赛季，如巡回赛、杯赛等模式，完成大目标。

第二种是不断升级的目标，玩家可以不断跨越目标，但玩家永远到不了终点，这种游戏的乐趣，更在于过程。比如，最为经典的游戏《俄罗斯方块》，当玩家不断消除屏幕下方的方块时，积分不断增加，但是方块掉落的速度会越来越快，这个游戏的结局通常是失败的，用户享受到的是不断增加的积分，以及应对游戏速度越来越快的过程。再比如《开心消消乐》，那棵长在地上的树是没有尽头的，玩家永远在不断地向上攀登，而玩家在游戏过程中获得的享受可以来自三方面：一是在每关获得更多的五角星；二是只追求通关速度，不关注星星数量；三是完成更多的支线任务后获得的奖励。

我们很难去评判这两种游戏目标设定的类型哪种更好，只能说我们都需要。

2. 核心要素——制定规则

制定规则的要求比较简单，只有两条。第一是规则要简单有效，最好只有两三条评判标准，最多不要超过五条，太多的评判标准会让游戏玩家无所适从。第二是要确保规则公平，对每个玩家都有效、适用，防止作弊现象，否则游戏会流失大量玩家。

比如，微信游戏《跳一跳》或者《蚂蚁森林能量雨》，规则非常简单，就是跳更多的格子或点中更多的能量球。比如《高尔夫》游戏，其规则和现实中一样，就是用最少的杆数把球打进洞里。在制定游戏规则时，要既简单又公平，这会极大地提升游戏的参与度并扩大传播力度。

3. 核心要素——及时反馈

在每款游戏中都要设置及时反馈的机制，让玩家能清晰地获知游戏进度、自己目前的成就，以及距离目标还有多少距离。比如，在《愤怒的小鸟》游戏中，每一关你都能清楚地知道自己消灭了几只小猪、获得了几颗星、得到了多少积分；在《实况足球》游戏中，每场比赛玩家都能清晰地看到自己目前是领先还是落后，只要按下暂停键，就可以随时查看自己的各项比赛数据。再比如，在养成类游戏中，自始至终玩家都清楚自己的级别，以及距离下次升级还需要多少经验值。

同时，及时反馈还包括阶段性的成就感与激励，每当玩家完成一个小目标后，总会及时出现相应的荣誉和奖励，并且激励着玩家去获取更大的荣誉和奖励。比如，打怪掉装备、一次通关积分翻倍、帮助他人获得声望等，都是及时奖励的体现。

及时反馈的机制可以让用户愿意玩下去，或者愿意为游戏投入更多的精力。

4. 核心要素——自愿参与

在每一款游戏的设置中，首先要保证用户的灵活进退，玩家在玩游戏时可以随时进入和退出、随时恢复进度、随时重新开始，甚至在卸载重装后，也能恢复身份和已有成就。用户在游戏中总会失败，但游戏要能鼓励用户重新开始，失败不意味着结束，要在失败后总结经验，为成功创造机会。

其次要保证游戏玩家的普遍适用，保证各个年龄段、不同性别、不同种族和国籍的人都能体验同样的场景和规则，并且上手容易。尽管同时存在"非人民币玩家"和"人民币玩家"，但不能影响游戏整体的公平性，"非人民币玩家"是用时间换空间，"人民币玩家"是用金钱换空间。

游戏设限越多，越不被玩家喜爱；而越宽松的自愿机制，越能吸引更多的玩家。

我们之所以要关注游戏的四大核心要素，是为了掌握游戏化的运作方式。游戏本身并不重要，重要的是游戏化的运作方式。接下来，我们就要讲到游戏化的运作方式对我们日常生活和工作的影响。

三、游戏化的运作方式

其实我们在日常生活、学习和工作中，经常会遇到游戏化的运作方式，甚至有些团队、企业就是依靠游戏化的方式运转起来的。接下来，我们分别从以下三个方面举例说明这个问题，如表7-3所示。

表7-3 游戏化的运作方式无处不在

	目标	规则	及时反馈	自愿参与
个人				
比如跑步	5千米、马拉松	距离、时间、配速、步频、心率	单位距离、每步	√
比如种植	花、菜、树	种活、开花结果、健康	每天	√
比如读书	一本、一套、一篇	看、念、听	书签、心得	√
团队				
比如比赛	唱歌、球类	赛制、评委、规则	打分、晋级	√
比如创作	画、手工、杂志	时间、内容	进度	√
比如创业	规模、服务人数	盈利能力、影响力、上市	每天、每周、每月	√
社区				
比如时间银行	储存服务、未来兑换	点数、服务认定、兑换机制	每次参与、完成	√
比如积分兑换	积累积分、兑换服务	积分规则、兑换规则	每次参与、完成	√
比如KPI考核	短期目标达成	收入、成本、入住率	每周、每月	

1. 从个人来看

跑步锻炼身体就是一种典型的游戏化运作方式，其满足了游戏的四大要素。首先，我们会设定一个目标，比如跑多远的距离或者跑多长时间。其次，跑步是有评判标准的，一般我们会通过配速、心率、步频来判断跑步的状态，这就是规则，很简单，而且对所有人都适用，无论是对在公园遛弯儿的王大爷还是在马拉松比赛中跑进2小时的奥运选手基普乔格。再次，如果你正开着手机运动软件或戴着运动装备，还可以随时获知跑步的各项数据，这就是及时反馈机制。最后，你可以突破自己刚开始设定的目标，或者中途退出，没有人会强加于你，这就是自愿参与。

同样，如表7-3中所示的种植、阅读等，都可以拆解出游戏的四大要素。

2. 从团队来看

团队的活动同样能运用游戏化的运作方式。比如，社区老年合唱队参加全市的老年人歌咏比赛。在决定参加比赛前，我们一般会给合唱队预设一个目标，比如拿冠军、进入前五名，或者是争取最佳服装奖、最佳表现奖、最佳风格奖等。合唱比赛同样有评分规则，可能包含着装、笑容、音色、整齐度、指挥等方面，这个评分规则是由评委制定的，而且对各个参赛队伍都适用。在比赛过程中，你能清晰地知道每个参赛队伍的现场表现和得分情况，也清楚自己所在的合唱队的发挥情况，包括分数以及排名，这就是及时反馈机制。自愿参与环节也是同样的，你的合唱队可以做个"非人民币玩家"，只是走走过场、重在参与，没有太多的目标性；你也可以选择做"人民币玩家"，投入资金请名师指导、置办演出服、预定场地彩排，甚至聘请一两名专业歌唱演员加入合唱队，这些你完全可以自愿选择，自主决定。

同样，表7-3中所示的团队创作、创业过程，都可以拆解出游戏的四大要素。

3. 从项目来看

康养项目在日常运营中的一些做法，也与游戏化的运作方式有着异曲同工之妙。比如，在国家政策指导下，很多康养项目都在大力推行"时间银行"的康养服务模式，这其实就是一个更大尺度的、与现实相结合的游戏。

首先，时间银行的目标性非常明确，就是让年轻人通过服务现在的老人储存服务时间，在未来他们可以兑换别人为自己服务的权益，说白了就是用今天存时间，在明天换服务。

其次，时间银行模式也制定了清晰的规则，即通过服务认定机制把服务老人的时长转化为点数或时间币，明确兑换机制和使用机制，比如北京市政府2022年1月新出台的"时间银行"公益互助康养模式就规定了每服务1个小时，即可获得1个时间币并自动存入账户，在自己60岁后可以自用或转赠。

再次，时间银行通过信息管理平台连接了服务需求方的老人和服务供给方的年轻人，平台的反馈及时且高效，用户可随时获取需求，随时下单服务，随时查看账户，随时获知结果。

最后，时间银行模式采取自愿参与机制，政府或康养项目不会强行逼迫大家使用。时间银行康养服务模式也可以分为"非人民币玩家"和"人民币玩家"，其中绝大部分人都属于"非人民币玩家"，也就是利用时间换取未来的权益的人；政府和康养项目在其中的角色更偏向于"人民币玩家"，其通过集中购买和发放时间币的形式，为一些特殊人群提供关照。

同样的道理，在表 7-3 中，类似于积分兑换、KPI 考核的做法，也都可以仿照游戏模式进行要素拆分和解读。

四、用游戏化方式运营

游戏化的运作方式在我们的身边无处不在，细心的你一定会发现，游戏其实已经从计算机、网络中跳出，影响着我们日常生活的方方面面。把游戏融进现实生活中，可以使原本枯燥的生活变得更积极、更有意义。我们可以通过设置目标和及时反馈的激励，让事情本身变得积极起来，在游戏中获得的阶段性成果也会让你产生更多的幸福感。规则的设定可以让局面变得简单，使其更具公平性、参与性和竞争性。自愿参与则是我们对待生活、工作甚至人生的一种态度。一款游戏的完善设计，会提升玩家的参与度和黏性。同样的道理，一种游戏化的机制搭建，可以吸引更多的用户参与，提升用户的互动性和活跃度，建立起企业和用户之间的紧密关系，并产生巨大的传播效力。

康养项目的私域流量运营应该更多地参照游戏化的运作方式，把内容游戏化，把生活游戏化，把运营游戏化，只有深度融入游戏的四大要素，才能获取增强用户互动黏性的密码。

1.游戏化方式增加活跃度、提升参与度

本书前面谈到，康养项目私域流量运营的主场景是朋友圈和长期微信群，结合康养行业自身的特点，我们认为康养项目的线下私域流量池也可以作为运营的主场景之一；在谈到视频和直播的内容产出方式时，我们认为微信视频号有可能成为下一个私域流量池运营的主场景。那么在这些主场景里，提升用户参与度的最佳手段就是用游戏化的方式进行互动。比如，我们可以做如下尝试。

（1）打卡之共同创作。

我们可以让用户每日轮流产出一句人生鸡汤、励志话语或格言警句，坚持365天，可以通过摘选并将其做成一本来年的日历，在年底前赠送给项目的用户；再比如，我们可以利用群相册、群文件进行共同创作，并把共同创作的内容进行有仪式感的展现。（这体现了游戏的目标性、规则性和自愿参与性）

（2）打卡之娱乐测试。

我们可以在朋友圈或长期微信群中多投放一些诸如性格测试、猜谜、星座解析、测测你在古代是谁等的小游戏，以增进用户的关注度和参与度。（这体现了游戏的娱乐性和传播性）

（3）打卡之益智答题。

我们可以利用每天的知识小课堂，对历史上的今天、节气常识小知识、热点话题类小知识等进行内容编辑，用"考考你"的形式，激励用户参与答题，并进行排名奖励。（这体现了游戏的知识性、及时反馈性与激励性）

（4）打卡之社交互动。

我们也可以学习《蚂蚁森林偷能量》《喂小鸡捐鸡蛋》《运动捐步数》等小游戏的方式。比如，我们可以开展微信群内的每日健康打卡活动，按截屏的用户微信运动步数进行排名和奖励。再比如，有的康养社区每日会给入住用户提供一杯免费下午茶或一份免费水果，但必须由用户亲自到社区客厅、咖啡厅现场领取，其实，这种活动的主要目的是给老人们创造更多的社交空间和机会。（这体现了游戏的目标性、规则性、自愿参与性和社交属性）

（5）话题之参与奖励。

当我们在私域流量池中发起互动话题或问卷调查时，为了提升用户参与度，可以制定相应的规则。比如，当用户的发言达到要求，即获赠用户积分

或项目内消费券；当用户的意见被采纳后即获得会员体验权益。（这体现了游戏的规则性、及时反馈性和激励性）

（6）话题之深度激励。

我们也可以设置一些深度激励的内容，比如，让用户参与话题或活动，达到要求即可获得与大咖面对面共进午餐的机会，或者对用户进行专访直播、在公域流量平台进行免费传播等。（这体现了游戏的目标性与激励性）

（7）参与之才艺模仿。

我们可以在私域流量池中开展才艺模仿秀，向抖音平台学习，鼓励用户自编自导，通过视频来展现自我，这样既可获得轻松娱乐的效果，也有助于用户突破自身的社交局限。（这体现了游戏的娱乐性、社交属性和参与性）

（8）参与之团队接龙。

我们可以在微信群中做一些难度不高的小接龙游戏，如成语接龙、诗词飞花令等，对于一些新建群组来说，这种方式能很好地活跃气氛，起到"破冰+社交"的目的。（这体现了游戏的自愿参与性、及时反馈性和社交属性）

（9）管理之流动群主。

在私域流量群内可实行管理员流动制，以激发每个用户参与的积极性，流动管理员可在群内开展活动，设置规定动作和自选动作，规定动作可以是做一次话题互动、组织一次线下聚会、进行一次线上评比等，自选动作可以让用户自由发挥自身的能力和特长。这种流动管理的方式更能活跃私域流量群的气氛。（这体现了游戏的目标性、规则性、激励性与自愿参与性）

2.游戏化方式运营"线上+线下"活动

把游戏的关键要素植入康养项目的线上、线下活动中，用游戏化的方式来组织活动，或者将每项活动变为游戏，这样可以极大地促进用户的参与度，增加互动黏性。

（1）报名与组队：预热、引流，增加吸引力（结合前文的线下场景四法则）。

（2）个人任务与团队任务：既要设置清晰的个人任务，也要设置清晰的团队任务，让每个用户都能参与进来。

（3）制定目标：活动目标清晰并可实现，难度系数低，适合退休人群。

（4）确立规则：要明确评判标准是什么，要做到简单公平。

（5）及时反馈：用户在参与活动的过程中，可随时知道自己所处的位置和完成进度。

（6）自愿参与：用户参与即有奖励，用户活跃度高则有额外奖励，但完全自愿自主。

（7）社交氛围：创造团队沟通互动的氛围，给予用户正向激励，制造竞争环境。

（8）幸福感与成就：在活动后给予用户大范围的奖励，进行表彰与授予荣誉。

将游戏化的运作方式融入以上各个环节中，并通过各个环节将活动设计好、组织好，相信这一定会是一场用户参与度高、互动性强的成功活动。

3.游戏化方式建立会员体系

用游戏化的方式思考康养项目的运营策略，把运营本身和用户管理变成一场游戏。这样做不仅能使枯燥而又烦琐的运营变得积极而有意义，而且你可以惊喜地看到用户的变化，大多数用户都在积极地向着你所希望的方向前进，这种成就感会让你乐此不疲。

比如，用游戏化的方式建立康养项目的会员体系，会让你的康养项目变得没有边界，一步步从私域流量走向会员运营。

（1）设立目标。

制定属于你的康养项目的会员手册。打破入住用户才是会员的狭隘思路，建立基于康养项目私域流量池的大会员体系。制定不同的会员级别和每个级别所对应的会员权益，权益中既要包含康养用户应该享有的基础服务与保障，又要嫁接更多专业平台的丰富增值资源，为你的私域会员提供更多的长期价值。

（2）制定规则。

康养项目私域大会员体系中的通用货币就是积分，用积分来对应会员的级别和权益。我们可以制定积分的获取和认定机制、成长晋级机制、兑换转赠机制，并结合康养项目的实际情况，考虑是否设置积分有效期，以及会员级别的存续期限。

（3）及时反馈。

我们可以把康养项目私域会员的积分和私域运营相结合，逐个制定可实现的小目标与激励政策。无论是入住会员、体验会员、潜在会员，还是私域流量池中的其他用户，都可以通过参与各种活动和互动，获得相应的积分和奖励，会员可随时获知自己的积分和级别，并对未来积分的使用和康养项目内的生活有所预期。

（4）自愿参与。

私域会员获取积分，完全自愿自主，可随时进入，随时退出。同时，康养项目也可以设置"非人民币玩家"与"人民币玩家"。"非人民币玩家"主要依靠积分成长来晋级，"人民币玩家"可通过直接购买，获得会员资格与权益，购买方式可以是按时间周期购买，也可以是单独购买。这两种玩家除了都享有普遍通用的权益外，我们还可以设置一些专有权益来体现不同会员间的区分。

游戏化是把事情变得更积极、更有意义的过程。如果你是网络游戏的资深玩家，那么你肯定能理解本节所讲述的内容。有益的游戏不仅没有让我们的生活变得支离破碎，还可能会挽救我们支离破碎的生活。

小结与演练

本章中我们讲解了康养项目私域运营的内容产出方法，并分析了音文、视频、直播、游戏的运营方式与老年群体的适配性。同时，大家还要关注以下四点。

1.产出的内容，在私域流量池运营和公域引流时都用得到。

2.内容产出形式和使用方法并非单一而固定的，要结合实际灵活运用。比如，我们可以尝试"直播+活动""图文+知识""视频+深度价值"的形式。

3.用户并不在意你说了什么或做了什么，而更在意你给他们带来的感受。

4.内容产出的价值其实就是你的品牌价值，要去提炼、深化、升华它。

演练建议：

1.结合本章所介绍的内容，回顾一下你的康养项目所产出的内容中，有哪些值得改进的地方？

2.做一篇具有深度价值的音文、一条记录美好生活方式的视频、一场知识性的直播、一场游戏化的活动吧！

举一反三：

在康养项目进行PGC内容产出时，需要什么样的人员和架构呢？

第八章
提升用户裂变的技巧

如果说内容是私域流量池运营的基础，那么裂变就是私域流量池运营的重要环节。公域流量池是大池塘，私域流量池是小池塘。我们做私域流量池运营，就是要不断地把水从大池塘引到小池塘，再建立更多的小池塘，让它们自动形成补水循环，使更多的新用户源源不断地进入私域流量池。有一部分老用户，会通过日常运营和用户迭代进入会员池。同时，还会有一部分老用户流失掉，我们希望最终整个私域流量池能越变越大，而不是慢慢干涸。所以，裂变就变得非常重要。

用户裂变的目的非常简单直接，第一是希望获取更多的新用户；第二是实现更大范围的传播。

康养用户裂变的方法

一、康养用户裂变的特点

对于裂变这件事,康养行业也有着自己鲜明的特点,这与其商业模式和用户特征密不可分,我们先来看图8-1。

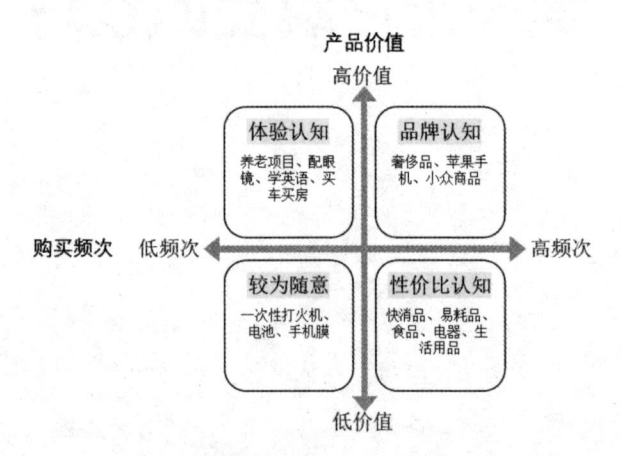

图8-1 产品价值与用户购买频次的关系

图中的横轴表示的是用户的购买频次,纵轴表示的是产品的价值,也可以浅显地理解为价格。这样我们就获得了四个不同的象限区域,分别是高频次高价值、高频次低价值、低频次低价值和低频次高价值。

1.高频次高价值

这一区域的代表性产品类别是奢侈品和小众商品,如奢侈品牌服装、箱包皮具、高档化妆品、高档烟斗、高端文玩、小众茶叶等。这类商品往往价格较高,有自己固定的购买圈层,购买频次尽管不像快消品那么频繁,但每年的交易量还是有的;这类产品不仅可以买来取悦自己,还可以作为礼品赠送他人。这类产品代表的是品牌认知，只要用户认可某个品牌，就会成为这个品牌的常客。

2. 高频次低价值

这一区域的代表性产品是快速消费品，如生活易耗品、食品、家用中小电器、提升生活品质的商品等。这类商品价格不高，基本上在十几元至几百元的价格区间内，但用户的购买频次较高，如婴儿纸尿裤、奶粉、宠物食品、玩具、沐浴用品等，用户每周、每月都会产生购买行为。这类产品代表的是性价比认知，因为会经常使用，所以适合且性价比高的商品就会成为用户的首选。

3. 低频次低价值

这一区域的代表性产品是低价格消耗品，十元之内的商品基本都属于这一类，如一次性打火机、一小包手帕纸、一节电池、一瓶矿泉水等，用户在街边杂货铺就可以买到。这类商品的可替代性强，因此用户的品牌认知就没有那么强烈。比如，用户在街边口渴了，想买一瓶矿泉水，如果没有农夫山泉，那么怡宝也行，这两种都没有的话，买一瓶冰露也能满足需求。因此这类产品的选择模式较为随意，用户往往会结合实际场景决定是否购买、购买何种品牌。

4. 低频次高价值

这一区域的代表性产品是康养项目，还有买房、买车、报英语班、照婚纱照、海外度假等，都在这一区域内。其特点是购买频次很低，价格较高，对于普通人来说，一辈子也没有几次购买经历，并且购买后往往会产生后续费用，如入住康养项目要缴纳月费，买房、买车后要养房、养车，报英语班会不断续费，婚纱照后面还有购买摆台等其他项目，海外度假会有自费项目，等等。这类产品代表的是体验认知，用户一般都要先对产品有良好的体验，再进行多方比较，查看其他消费者的评价和商家口碑，最后才会产生购买行为，所以这类产品的选择过程较为漫长而复杂，其间不可控的因素较多。

对于高频次高价值的产品，没有太大必要做用户裂变，企业需要做的是加大品牌宣传力度，提升用户对品牌的认知，在口口相传的基础上最大限度地留存用户，是运营战略的关键。对于低频次低价值的产品，也没有必要做用户裂变，因为裂变后留存不住新用户，而且运营成本较高，不足以支撑其产品模式。

需要做用户裂变的就是以快消品为代表的高频次低价值产品和以康养项目为代表的低频次高价值产品，而这两种类型产品的用户裂变有着本质的区别。

康养项目的商业模式处于低频次、高价值的区域，基于康养用户的心理特征，它的底层逻辑是建立信任关系；基于用户要对项目先行体验，再多方比较，进行选择，它的中层逻辑是展现产品能力；基于成交周期长、不可控因素多的特点，它的顶层逻辑是传递长期价值。因此，做康养项目私域流量池用户裂变时，其核心是释放价值、吸引用户参与传播。

快消品的商业模式处于高频次、低价值的区域，基于用户的心理特点，商家往往需要打造爆款，使用秒杀机制，加大优惠力度，它的底层逻辑是追求性价比；针对快消品，商家更关注客单数量、粉丝数量和边际成本，它的中层逻辑是追求规模效应；商家往往依靠低价锁定用户，吸引重复消费，说明它的顶层逻辑是追求变现复购的。因此，做快消品用户裂变时，要放出诱饵，吸引用户上钩。

二、康养用户裂变的方法

按照上述康养用户裂变的特点，康养项目员工在做私域流量池用户裂变时，核心就是要释放价值点，吸引用户参与传播。我们可以把康养用户的裂变方法分为六个步骤，下面结合图8-2来具体阐述。

图8-2 康养用户裂变方法的六个步骤

第一步：确定价值

在做用户裂变之前，要想让用户感兴趣，就要清楚我们能为用户提供什么价值。所以，我们要先找出能使用户裂变的价值点，问自己一个问题：退休用户或老人对什么感兴趣？当然这个开放式问题的答案会比较宽泛，我们可以结合平时在私域流量池与用户沟通交流所总结出的经验进行梳理，比如我按照以往经验，梳理出以下的用户兴趣点：

（1）参加兴趣小组活动，加入退休生活俱乐部；

（2）听免费讲座，参加能学习知识的课堂；

（3）参与健康检测、筛查、诊疗、慢性病管理的健康活动；

（4）能再就业，体现一定的个人成就感和价值感；

（5）关注自身的资产保值、财产增值，扩大理财收益；

（6）渴望体验新产品、新服务；

（7）关注用户福利和小惊喜。

针对以上方面，我们可以设计并释放价值点。

第二步：制定规则

找出价值点后，我们要制定裂变活动的具体规则，只有明确规则，才能让活动执行下去。一般来说，裂变的规则包含以下四项内容。

（1）裂变价格：我们释放的价值点是收费还是免费？对于康养用户，我一般建议以免费为主，针对稀缺性资源进行裂变活动时，可考虑适当收费。

（2）裂变形式：采用哪种形式进行裂变？如何认定新用户的成功参与？（详见本章后述）

（3）裂变目标：明确此次裂变活动的具体目标，设定一些可量化的指标，如拉新人数、传播阅读量等。

（4）裂变破冰：通过裂变获取的新用户，如何进行破冰？如何向通过线上渠道加入私域流量池的新用户打招呼，怎样与通过线下渠道获取的用户建立联系？

第三步：启动准备

找出价值点并制定好规则后，在启动裂变活动前，我们需要做好以下准备工作。

（1）明确启动时间：哪天开始？在什么时间段开始？

（2）确定启动场景：在哪个私域场景中启动，是朋友圈、长期微信群、快闪微信群还是线下场景？

（3）准备启动话术：搭配什么样的介绍内容才会让用户产生兴趣、积极参与？

第四步：传播载体

确定裂变活动的传播载体，是用图文海报，还是以视频、直播的形式来启动？不同的载体形式会带来不同的效果。

（1）裂变宣传海报——简单易上手。

（2）公众号文章＋海报——传播价值＋裂变拉新。

（3）直播启动＋图文——大型活动发布＋引流拉新。

第五步：模拟测试

确定好以上四个环节后，先让康养项目的员工或私域流量池中的1~2个老年用户做一下测试，检验一下裂变活动的准备成果，比如：

（1）传播载体（海报、文字）是否合适？

（2）二维码、报名电话都通畅吗？

（3）启动话术准备得够充分吗？

第六步：活动总结

在裂变活动后养成复盘的习惯，重点可以关注：

（1）参与用户数和新用户数出现了哪些变化？

（2）价值点的挖掘与传达是否准确？康养用户对此是否感兴趣？

（3）启动时间、传播载体、流程是否可以优化？

每次的裂变活动都可以参照以上六个步骤，把各个环节都考虑到，这样我们在裂变的过程中，才不至于手忙脚乱。在下一节，我们将结合康养项目的裂变目的，模拟两种裂变场景，对这六个步骤进行具体应用和演练。

康养用户裂变的场景

康养项目员工要结合具体裂变的目的去搭建、完善裂变场景。在本书前面的内容中讲到用户裂变的目的是获取新用户，并使其自发传播。在康养项目的私域流量池运营中，我们可以继续把裂变目的进行细化，在这里可以把它归结为两类。

1. 粗放拉新和价值传播

包括市场营销属性的拉新活动、品牌与价值观的传播、快闪群聚客、生活方式输出、康养商品销售等。

2. 定向拉新和价值筛选

包括运营属性的拉新活动、会员客户筛选、建门槛做社群、老带新等。

结合这两类不同的裂变目的，我们实施裂变活动的场景也不一样。

一、粗放拉新和价值传播目的下的裂变场景

如果康养项目的裂变目的是粗放拉新和价值传播，那么我们可以更多地运用朋友圈和微信群来实现裂变。下面我们以一个案例来具体说明这种目的下的裂变活动是如何组织实施的。案例：某康养社区员工感觉私域流量池中的用户数量太少了，想做一次活动，主题是品牌发布和参观体验，想吸引更多的用户前来，同时扩大自己私域流量池中的用户数量。

这个案例属于比较典型的粗放式拉新。首先我们按照前述的裂变方法，做好前五个步骤。

1. 确定价值

在实施这种目的下的拉新时，我们可以学习快消品电商的裂变方法，准

备一些用户福利和小惊喜。比如，我们可以根据活动内容设置以下价值点：

（1）专属顾问参观讲解，带您全方位了解高品质康养社区的全貌；

（2）体验健康康养餐，品尝康养社区色香味俱全、营养搭配均衡的一日三餐；

（3）体验最先进的健康检测设备，准确预测疾病，出具健康干预方案，并由专家现场解读；

（4）报名出席活动，到现场即赠精美礼品；

（5）活动当天预定体验套餐，锁定惊喜优惠价。

我们可以搭配使用类似的价值点。目的就是激发潜在用户的兴趣，吸引其前来。

2. 制定规则

裂变价格：参观讲解免费、健康康养餐收费标准为38元/人、健康检测免费但限报名20位、赠送精美礼品（可免费，但须结合后述场景的要求）等价格优惠政策。

裂变形式：使用快闪微信群拉新报名，审核进群即视为报名成功。康养餐体验与健康检测，需在快闪微信群内二次报名。

裂变目标：私域流量池拉新、传播，具体为私域流量池新增100名用户。

裂变破冰：在用户添加微信时打招呼"终于等到您啦，欢迎您关注我！我是某康养社区的某某，您有任何问题都可以随时联系我，我会尽自己所能帮给解答，正好我们社区在本月20日（周六）会举办一次免费的参观体验活动，您赶得太巧了，是否需要我帮您提前预约呢？

3. 启动准备

启动时间：定于本周日上午9：00开始启动，到下周三晚10：00结束。

启动场景：朋友圈＋长期微信群，并在线下社区内进行宣传。

启动话术：本月20日，五星级高品质康养社区邀您前来免费品鉴，我们准备了精致的营养自助餐、先进的健康管理检测服务、全方位的专业参观讲解以及康养专家对品牌的介绍和解读，现场还有精美礼品赠送，绝对超值。名额有限，先到先得，关注并扫描二维码，即可尊享权益。

4.传播载体

制作线上裂变海报和传播文案，用于周日举办的活动。同时制作一篇传播相关价值点的深度音文，于活动当天在公众号发布。

5.模拟测试

先行组建快闪微信群，并拉入一些同事或熟人，编辑好群公告。

测试一下海报和公众号链接中的二维码，确认能否顺利添加好友。

完成以上五个步骤的准备工作后，就可以启动裂变活动了。由于是在朋友圈和长期微信群中开展裂变，我们可以尝试以下五种裂变场景。

场景一：在朋友圈和长期微信群中，激励用户在自己的朋友圈转发海报和音文内容，用户完成任务并私信截图后，即可获取活动资格及免费福利，以此激励用户分享，实现裂变传播。

优点：任务相对简单，用户完成的概率大。

缺点：用户在完成任务后会随时删除发布的内容，或设置可见分组。（可以在活动当天要求查看用户的朋友圈来避免这种情况出现）

场景二：激励用户在自己的朋友圈转发海报和音文内容，并进行集赞，集满66个赞＋私信截图后，即可获取活动资格及免费福利，以此激励用户分享，实现裂变传播。

优点：增加更多新用户的可见率，传播效果更好。

缺点：单纯集赞的形式获赞较快，新用户对内容的关注度较低。

场景三：在长期微信群中分享快闪微信群的活动链接，激励用户在转发海报的同时，直接向快闪微信群拉新。后续在快闪微信群内再次进行报名和优惠资格确认。（关于快闪微信群内的报名和阶梯设置，在本节之前的内容中已进行过阐述）

优点：长期微信群中会产生群体效应，对于社交资源丰富的用户（如

KOL、KOC），能者多劳，拉新效果较好。

缺点：进入快闪微信群的新用户会有困扰，对进群的目的不甚清晰，一部分新用户可能不精准，康养项目员工需要在快闪微信群内进行引导和说明。

场景四：给用户制定拉新任务，比如邀请一位朋友与您同行，两人全程体验全部免费，或者邀请两位朋友与您同行，三人全程体验全部免费，但报名者均需达到退休年龄以上，方可参加。

优点：把任务分配给用户，想参加的用户会更有拉新动力，避免吃大锅饭。

缺点：为了获取免费资格，用户邀请的同行人未必是精准用户。

场景五：利用微信/小程序的裂变工具，让老用户成为分销商，只要拉新用户点击链接、进入新群，即可获得奖励积分或其他礼品等。

优点：用户可以看到自己的业绩和具体奖励，有拉新的目标和动力。

缺点：销售意味较大，并且新用户不一定精准。

以上五种裂变场景都有各自的优缺点，大家可以自行判断使用。私域流量池拉新的重点是调动老用户的积极性，让他们觉得你的活动有价值、有意义，从而产生强烈的分享欲望，并号召身边符合条件的亲朋好友来尝试，这一点是最关键的。如果老用户对你的活动都不感兴趣，或者觉得你的活动吸引力不大，那即便拉入新用户，也不会有太好的转化效果。

二、定向拉新和价值筛选目的下的裂变场景

如果康养项目的裂变目的是定向拉新和价值筛选，那么我们可以更多地运用"线上+线下"私域流量池运营的方式。我们同样以一个案例来具体说明这种目的下的裂变活动是如何组织实施的。案例：某康养社区的摄影俱乐部准备启动年度招新，要求新用户有一定的摄影基础，能经常参与线上、线下活动，并希望新用户能和已有用户的圈层一致，可以很好地融合交流，未来期望新用户能转化入住。

显而易见，这个案例不属于粗放式拉新，它侧重用户的精准度，对传播

推广的要求不高。我们也按照前述的裂变方法,把前五个步骤准备一下。

1. 确定价值

精准拉新,也可以理解为老带新,我们可以分别从新老用户的角度出发,去挖掘不同的价值点,比如针对新用户,我们可以提供:

(1) 免费摄影俱乐部的参与名额,与喜欢摄影的同龄人切磋技艺;

(2) 定期的摄影大咖课程,不断磨炼提升用户的摄影专业技术;

(3) 高品质的社交活动氛围,定期开展"线上+线下"摄影展及作品分享;

(4) 高端活动空间,高品质的康养社区内展览空间和交流平台;

(5) 展示自我的平台,定期进行表彰评比,并与全市、全国的同仁开展比赛。

针对老用户,为了提升他们的拉新积极性,我们可以提供:

(1) 成功介绍符合条件者,新老会员两人各享精美摄影镜头包一个;

(2) 老会员获赠一年精美摄影杂志期刊;

(3) 老会员获赠会员积分500点。

2. 制定规则

裂变价格:新用户免费参加摄影俱乐部,不收取任何年费,集体组织的摄影活动,每次视情况只收取成本费。

裂变形式:报名经审核通过后,建立快闪微信群,组织线下首次体验,然后确定加入人选。

裂变目标:摄影俱乐部定向拉新,扩大社群规模,本次拉新目标为10名新用户。

裂变破冰:新用户加入快闪微信群后打招呼"众里寻他/她千百度,蓦然回首,原来您就在此处!某康养社区摄影俱乐部招新啦!机会难得,您千万别错过,不仅完全免费,而且正式加入后,会员可获得如下……权益,心动不如行动,我们的第一次摄影会员见面会安排在10月5日,请感兴趣的用户抓紧联系我报名啦!

3. 启动准备

启动时间：9月10日早9：00开始启动，到10月5日结束。

启动场景：在康养社区各俱乐部的长期微信群中进行内容发布，并在线下社区内做活动宣传。

启动话术：如果您的亲朋好友爱好摄影，喜欢拍摄景观、山水、花鸟和人物，具有一定的摄影基础，并自备摄影器材，欢迎您邀请他/她免费加入某康养社区摄影俱乐部，资格确认后您将享有……权益，本次招新只有10个名额，先到先得哦！

4. 传播载体

制作摄影俱乐部拉新邀请函和传播文案；编辑一本俱乐部成员的线上摄影作品杂志，协助传播拉新；制作一篇深度音文（俱乐部详细介绍或KOC访谈），链接报名信息。自9月10日起同步进行宣传。

5. 模拟测试

组建好快闪微信群并进行测试；测试各类已发布的二维码，确认能否顺利添加好友；

整体拉新活动得到俱乐部KOL/老师的确认。

以上五个步骤的准备工作完成后，就可以启动裂变活动了。在私域流量池"线上+线下"的环境中开展裂变，我们可以参考以下五种裂变场景。

场景一：激励俱乐部现有老用户通过自己的朋友圈和微信群拉新，可获得提前设置好的福利。

优点：圈层稳定，能精准触达老用户周边的亲朋好友。

缺点：仅在俱乐部范围内传播，力度有限；老用户的积极性不可控。

场景二：在康养社区已有的长期微信群中激励老用户拉新，可以通过赠送积分或福利消费券的形式进行激励。

优点：用户基数大，传播用户的数量更多，范围更广。

缺点：与俱乐部拉新相比，精准度不高。

场景三：只在社区内线下拉新，不通过线上微信群拉新；入住用户老带新可享社区内消费券、赠送积分等权益。

优点：线下入住用户更有体验感，可以在拉新的同时进行价值传播，新用户也会相对精准。

缺点：用户的积极性不可控。

场景四：进行线下二次裂变（视已有的新用户人数而定），在俱乐部招新体验活动时，再次激励拉新并给予相应的福利待遇。

优点："体验+拉新"同时进行，传播生活方式和价值观。

缺点：拉新的时间周期略长，用户筛选流程复杂。

场景五：利用线上或线下专场活动+拉新宣传。可以利用公域流量平台进行摄影课程直播、线下摄影沙龙、社区摄影展活动发布、媒体展示等，同时进行拉新宣传。

优点：私域流量池和公域流量池相结合，传播力度大。

缺点：新用户精准度不高，用户筛选周期长。

这两种目的下的五种裂变场景之间还是有很大区别的，定向拉新和价值筛选也是康养项目私域流量池运营的独特之处，这种拉新方式可以让用户圈层更集中，精准度更高，更有利于康养项目员工后期进行用户迭代和会员筛选。

总而言之，无论使用哪种裂变场景，都要结合你的裂变目的，既要照顾老用户的心理感受，又要有足够的感染力吸引新用户。同时通过裂变活动的设置，在拉新过程中能够潜移默化地传递项目的价值观和生活方式。

康养用户裂变的形式

在移动互联网时代，用户产生快速裂变，依赖的是人性。对于一些头部互联网企业，它们已经把人性中的贪、嗔、痴、虚荣、自私等"弱"的一面，研究得入木三分，并在平台用户裂变的运用中将其发挥得淋漓尽致。

关于互联网平台用户裂变有一首"十字真经"，在此用打油诗的方式给大家表述一下。

（1）帮：你帮我帮大家帮，反正不帮白不帮。

（2）拼：拼车拼单拼团购，不拼几单真难受。

（3）砍：帮砍一刀免费拿，拼多多PK美团。

（4）集：五福集赞一连串，再次购买和互换。

（5）比：咋就你能排第一，智商我不比你低。

（6）邀：体验内测和品鉴，神秘圈层好想钻。

（7）炫：人格运势加抽签，自己就是炫炸天。

（8）送：各种福利免费送，减免优惠飞满天。

（9）抢：瓜分福利抢红包，名额有限谁先来。

（10）赚：分销刺激你裂变，收入返利好变现。

这十个字全面而深刻地反映了互联网平台的裂变玩法。在人性的驱使下，用户就像是被互联网平台操控的提线木偶，只能按照平台设计好的动作和节奏进行活动。

康养项目私域流量池中的用户裂变不能完全照搬这种模式。一方面，康养用户的年龄偏大，深谙世事，对这种裂变伎俩早已看透，如果一味地用这种方式去拉新裂变，反而会引起用户反感。另一方面，康养项目的商业模式是实体服务与体验，它和互联网平台以连接为主的商业模式有着本质区别，我们并不需要依靠指数级的在线用户增长，而是需要稳步地进行线下用户的留存和迭代。

因此，当我们研究康养用户的裂变形式时，要以互联网平台为借鉴，有扬有弃，从利用人性的弱点转变为发挥人性的闪光点，用康养用户更愿意看到的方式、更愿意参与的形式做裂变拉新。对于康养项目来说，能传播即裂变，能触达即拉新。

在日常的私域流量池运营的实践中，本书总结了康养项目私域场景里的四类裂变形式，供大家参考。

一、常用裂变——衣食住行加活动，处处都有小惊喜

常用裂变是指我们在康养项目的日常运营过程中，要善于挖掘和发现用户衣食住行中的点滴小事，并结合这些内容引导裂变和传播，具体有以下四种形式：

1.互利式

在这种方式下，裂变双方都可获得好处，比如：

（1）我请您免费吃饭。老带新参观加用餐，新用户可获得免费参观和用餐资格，在新用户体验完成后，老用户可获得会员积分奖励。这类免费的体验活动可以有多种形式，此处不再赘述；

（2）理财专家社区内讲座，原价99元/人，现在朋友圈分享并获66个赞即可免费参加。这种分享即免费的裂变形式可以在活动报名、活动预约时运用。入住的老用户达到集赞要求，可以免费参加活动，新用户如果有意愿的话，可以支付99元报名参加；

（3）晒晒我们的年夜饭。除夕夜，当用户在餐厅用餐时，可以引导用户通过朋友圈转发社区内品种丰富的年夜饭照片和视频。在朋友圈分享成功的用户，即可获得春节期间的项目内餐饮消费代金券100元。遇到这种分享即获利的方式，用户会很开心并乐意操作，还可能会在亲属探望、子女相聚时一同消费。这对于康养项目来说，不仅可以创收，而且能起到很好的传播作用。像这种分享即获利的裂变形式，也可以设置多种内容。

2.众筹式

这种方式的目的是大家来帮我，老用户是获利方，助力方没有实际获利，但其通过传播能获得更多的价值感受，比如：

（1）康养项目可以开展面向私域用户的社区团购活动，这种方式对于覆盖多地区、多城市的连锁项目来说，更为适宜。社区团购的参团人数越多，价格越便宜。这种方式会刺激私域用户自发地帮你传播，辐射他们的社交关

系网；

（2）帮砍价或抢票。类似上述互利式里的"分享即免费"，可以略微做一些小变化，变成根据用户分享后的获赞数来确定折扣。尽管很多康养项目没有类似互联网平台的小程序或App，无法从产品端实现砍价或抢票的功能，但也可通过这种方式来操作。而且在康养项目运营中，针对任何收费的服务项目和活动的传播、裂变，都可借鉴此种方式；

（3）发起心愿清单。每一个康养用户都有自己的心愿和梦想，但由于种种原因，还没有达成。康养项目员工可以尝试去获知并协助用户实现心愿，特别是对于核心会员圈层的用户，我们可以发起心愿清单活动，通过文章、视频的转发量、阅读量、打赏量实现传播和裂变的目的，同时还能获得人气助力，超过设置目标的用户即可获得由项目提供的启动资金和协助资源。

3.共享式

这种方式的目的是我来帮大家，老用户虽未获利，但在自己获得良好的体验感之后，会把这种良好的体验感分享给更多的人，激发新用户去体验，感兴趣的新用户即可获得相应福利和优惠，比如：

（1）优惠券赠送。在康养项目举办线下或线上体验活动之后，可以给已经参加了体验的用户再次发放体验优惠券，让他们赠送给身边满足条件的亲友，邀请他们下次来参与。我们也可以设置成当老用户的会员积分达到一定数值时，即可获赠各类项目内的体验券，让老用户分享给他们认为最需要它的人；

（2）请您免费听/学/看/参与等。当康养项目私域线上或线下举办讲座、沙龙、课程、活动时，可以设计宣传海报，主题就是邀您免费来听/学/看/参与，然后把海报发布到长期微信群和朋友圈里，让老用户自行去传播。当然，报名的二维码是由康养项目员工来把控的，所有感兴趣的新用户都可以引流到私域流量池中，并结合人数和场地的要求与用户确认报名资格。

4.情感式

这种方式的本质是通过用户的情感共鸣来产生裂变，新老用户都不会得到实际的奖励，但这种裂变产生的传播效果却是不错的，比如：

（1）UGC模式分享。例如支持祖国统一，我是第……个；看看我年轻时穿军装的样子；或者我在现场支持冬奥会，等等，用户可以自主上传照片，自动生成宣传海报，实现裂变传播，宣传海报不仅话语充满正能量，而且生成的图片也好看，不同于直接的品牌宣传和营销手段，这种形式可以让用户从情感上更容易接受，也更愿意分享；

（2）勋章级别荣誉分享。我们使用Keep、咕咚等运动App，或得到商学院、混沌学园等学习App时，会经常生成各种徽章、荣誉证书，我们愿意分享到朋友圈来彰显自我，这其实是一种变相的传播裂变。康养项目也可以学习类似的模式，在老年大学、在线课堂、参与活动、话题分享后，对活跃度高、贡献值大的用户发放在线勋章和证书，激励用户分享，实现裂变传播；

（3）名人IP嫁接。如果我们的康养项目中有比较出名的品牌代言人或知名度较高的KOL，或者我们举办的某项活动中有名人和明星艺人参加，我们可以尝试拿到他们的授权，以他们的名义来发布宣传海报。通过这种形式，使用户从情感上更愿意分享和传播，对新用户的吸引力也足够大。

二、家庭社交裂变——让家庭紧密联系，让家庭自发传播

中国人的家庭社交关系是在血缘亲疏的基础上建立起来的。尽管根据最新人口普查的结果，每户家庭的平均人口数量仅为2.62人，但中国人更讲究亲戚连带关系，包括直系、旁系、近房、远房等，这其实是一条庞大的家庭社交链。

因此，利用家庭社交关系链进行裂变传播，是康养项目可以考虑采用的方法，其不仅有助于加强用户的血缘纽带联系，而且有助于裂变传播，比如：

1.家庭成员助力

（1）社群作品投票：不仅可以在线投票进行助力，而且可以让家属拉票

助力，鼓励家属录一段视频、写一段鼓励的话来帮助康养用户助威打气。同时，康养项目也可以提供一些家庭内部消费券进行激励。

（2）比赛活动颁奖：邀请家属到场，给用户以家人的关怀和温暖，通过合影颁奖活动，让家属在社交关系中进行自发传播，以这样的形式更加自然、亲切。

（3）家庭奖励积分：设置家庭积分，有些会员积分的获取必须有家属参与，如我帮妈妈洗次脚、帮父母布置房间、家庭共创公益项目、晚会家庭节目等。这样既可以把运营的气氛做起来，又能让长辈和家庭成员其乐融融。

2. 家庭活动氛围

（1）家庭活动空间：在康养项目里，设计并完善家庭活动的空间。除了用户的房间和公共区域外，可考虑设置多功能家庭活动空间，满足家庭娱乐聚会需求，吸引家属经常来访。

（2）家庭社交活动：设计多个大家庭的社交活动，把亲子和成年人社交互动的内容放进康养项目；如西点学校、趣味运动会、开心农场BBQ、手工制作、共同完成一幅画等。

现在的幼儿园、学校都会要求家长给孩子助力，也会给父母和孩子布置很多共同完成的任务，家长们都会尽心尽力、乐此不疲地完成。那么同样的道理，康养项目也应该把私域流量池里的用户和更多康养用户的家属涵盖进日常运营的群体范畴，这样的社交关系比单纯的邻里关系更稳定而长远，毕竟用户入住康养项目是其家庭成员共同的决定。

三、爱心公益裂变——让老人自发传播，让社会自发关爱

爱心、同情心和无私奉献的精神都属于人性的闪光点，爱老助老、尊老爱幼、关爱弱势群体、一方有难八方支援等理念，都源于中华民族的传统美德。康养项目员工在私域流量池运营中可以多采用爱心公益裂变的形式，通过人性的"真、善、美"，实现传递价值观、裂变拉新的目的。

1. 认养认领

（1）康养社区内的园林、果木、农场、菜地、宠物都可以采用认养的机制。康养项目员工可在私域流量池中开展公益认养活动,鼓励社会、个人、家庭、单位认养。同时可提供免费参观体验、公益志愿活动、绿色蔬菜宴会等平台,使认养人自发传播、宣传项目情况,也能为项目缓解一部分养护成本压力。

(2)集体定向援助认领。如援助失学儿童及贫困儿童、乡村小学帮扶、号召公益机构关注、进行企业冠名并定期与援助对象开展交流活动等。这些活动不仅可以为康养项目的品牌宣传提供优质的素材,还可以向私域用户传递积极、向上的价值观。

2. 捐助捐赠

(1)贫困灾害捐助:如精准扶贫项目、乡村在线课堂、灾害捐助号召、公益关怀关爱等。康养项目可以呼吁和组织私域用户进行公益行动,如"每人捐款一元钱、公益由我来出力",鼓励私域用户进行裂变传播,并及时跟踪、向大家播报相关公益事项的进度。

(2)相关老年事业捐助:通过帮扶、探望、心理慰藉的方式,号召大家关爱鳏寡孤独用户的康养问题;仿照时间银行的模式,建立服务兑换机制,以项目的名义鼓励更多私域用户服务帮扶对象,完成后可兑换项目积分,用于项目内的消费或换取未来的入住权益。这也是一种变相的捐助,是康养企业履行更多社会责任的另一种途径。

(3)协助实现个人梦想:比如,完成回忆录、协助书稿的整理出版、梦想实现策划与捐助等,号召私域用户为实现康养用户的梦想而传播助力。

3. 共享共建

(1)活动空间共建:如项目内的宗教活动场地、大学校园记忆角、亲子乐园、宠物乐园等,都可以通过私域用户共建的方式来实现,鼓励大家提出建议、调动资源、献计献策,在共建的过程中就可以实现用户的自发传播和裂变。

(2)作品义卖展示:在私域流量池中对用户的作品、收藏品进行公益拍卖和义卖，把收入用于公益事业。一些国外的康养项目把康养社区内部的公共空间设计成了展厅的共享空间，可以定期组织各类书画、雕塑、藏品的展览，也可以把外部人群吸引、融入进来，能起到很好的价值分享和裂变作用。

（3）项目工作者招募：可以面向你的私域用户进行工作者招募，比如，活动场地运营管理员、商店商品经营者、秩序安全协调员、银发讲解员、特聘银发教授等，让退休人员继续发挥余热、体现自我价值，也能很好地宣传康养项目。

（4）打造特殊网红项目：如打造忘不了餐厅、爷爷奶奶咖啡厅等项目，可以吸引大众打卡，提高社会关注度，极大地推动传播和用户裂变。

四、社群自裂变——让社群自发成长，让裂变自然发生

在本书前面的内容中，谈到了私域流量池中的线上长期微信群要结合线下场景进行交流互动，这其实就是社群的雏形。当然，社群是有内驱力和自成长性的，当我们在设计裂变传播形式时，要善于利用社群的这种特性，使社群中的用户产生自裂变。

1.刺激社群自发成长

（1）挖掘和培养更多的 KOL 和 KOC，移交话语权和主动权，教他们如何在互联网平台上进行社群运营，让他们自发地组织"线上+线下"活动，其目的就是让康养项目的基础社团成长为真正的社群，让社群自发拉新裂变。

（2）作为康养项目，可以为社群提供更多的资源，包括活动场地、互动空间、资金赞助、大赛支持、媒体曝光、私域公域相互传播、获取政府支持等，让社群发挥自己的影响力，不断做大做强。

2.支持社群互动交流

（1）定期组织私域用户与社群进行互动，如活动观摩、协助招新、话题互动、成立分社等，还可以组织各社群之间相互学习，取长补短，共同进步。

（2）康养项目可以为社群搭建更多的交流平台，比如，连锁项目的异地比赛交流；多项目、多城市的比赛互动和分享；与其他品牌康养社区的交流分享等，这些活动都会产生很多裂变传播的机会。

（3）指导并协助用户进行专业的内容产出，如协助进行直播和视频拍摄、协助开展线上课堂和社群活动等。

小结与演练

在本章的前三节中，我们分别讲解了康养用户裂变的方法、裂变的场景和裂变的形式。由于康养项目的特殊性，导致其裂变的应用与互联网平台有着本质的区别。我们应该掌握康养用户的心理特征，把更多的关注点放在价值传播和信任触达上，发挥更好的裂变与拉新效果。此外，在裂变运用中，还有两点我们必须要重视。

（1）先有存量，再找增量。当你的私域用户达到一定数量后，再去尝试用裂变的方法获取增量。没有存量作为基础，就着急去裂变，等同于拔苗助长，将得不偿失。

（2）高频互动才能高频分享。裂变需要用户的分享和传播，只有和用户建立起高频互动，才会产生高频的分享结果。没有日常运营的积累，就冷不丁地抛出一个想让用户分享的内容，是不会有人买账的。

演练建议：

1. 你的康养项目是如何裂变拉新的呢？

2. 设计一次裂变活动，确定好裂变的目的和形式，使用裂变方法，在合适的场景里进行尝试吧！

举一反三：

用户的裂变和其家属的裂变有什么不同吗？

设计高关注度的海报

在我们对康养项目的私域流量池运营的整体内容有了比较全面的了解后，

让我们来看看海报的设计。海报是我们进行私域流量池运营时经常使用的信息载体，无论是在线上的朋友圈、微信群中分享，还是在线下进行张贴，都能用得上海报。

在各种传播载体中，从简洁高效的程度来说，海报这种形式是排名第一的。海报设计制作的周期短，它可以快速地把我们的想法、创意、信息、内容表现出来。反观前文中我们谈到的音文、视频、直播、游戏等形式，都需要投入大量的人力、物力和时间进行创作，所以，当你想快速获取用户时，海报是最好的工具，它像一个鱼钩，抛出去就行了，非常简单。

从获取用户的效果来看，海报的形式也是排名第一的。前面我们也谈到了，单图的传播效果大于多图（六宫格图、九宫格图），因为单图在朋友圈内展现的尺寸更大、更突出，会瞬间抓住用户，用户不用逐个点击多张图片再放大观看。同样的道理，单图的传播效果也大于文章和音视频，因为用户也不用再花时间点开看详情，获取信息。在信息量过载的时代，能用最短的时间抓住用户眼球，让用户获取主要信息的形式，无疑是最佳的。

优质的海报可以提高曝光度和关注度，吸引用户参与，提升转化效果。

一、关注度低的海报

在海报的设计和传播中，经常会出现以下四类问题，造成产出的海报关注度低，点开率有限，进而影响用户转化率。

1. 主题不明确

如图8-3所示，这海报主题不突出，甚至点开海报详细观看后都不清楚其所要表达的内容。只有经过思考后才知道，这是想通过视频号对《原则》这本书进行解读，吸引用户关注。

这种主题不明确的海报，让用户没有点击打开的欲望，就更不愿意花时间研究它想表达

图8-3 主题不明确的海报

的内容了，而是会迅速滑走。

2.标题文字小

如图 8-4 所示，该海报的主标题文字太小，在不点开的情况下，用户只能大致看到某酒店和 399 的数字，也不会觉得有什么吸引力。只有在点开放大后才能看清楚，这是一个爆款酒店的度假套餐，一家三口可以在优美的庭院房里住上两天一晚，还赠送了不少项目，在原价 999 元的基础上，降价了 600 元，真的是超值且划算。

如果海报设计的主标题太小，不能迅速吸引眼球、锁定用户，就无法激发用户点击的欲望。

3.像一篇文章

如图 8-5 所示，该海报中的文字多达几百个，更像是一篇文章，从活动主题、活动价格到具体活动内容，再到项目的具体介绍，不可谓不详细。

图8-4　主标题不清晰的海报　　图8-5　文字繁多的海报

作为一幅海报来讲，难以承载这么大的信息量，海报的特征是简洁高效。如果一定要传递信息量大的内容，可以更换一种产出形式。对于文字繁多的海报，用户没有耐心阅读，而且对于康养用户来说，文字太小，还需要放大观看，会给用户造成不便。

4. 放多个链接

如图 8-6 所示，该海报内放置了三个二维码，一个是官方抖音账号，一个是微信视频号，还有一个是外部链接。

多个二维码会给用户造成选择障碍。其实海报的传播目的性很强，如果单纯是为了引流，那么直接放上私域流量池的进入方式就可以了；如果是为了吸引用户传播，可以放上官方公众号。多个二维码不仅会让用户使用微信扫一扫识别图片时，出现多个识别点，难以判断，而且对于康养项目来说，还会造成用户分流。

图8-6　放置多个链接的海报

二、一张合格的海报

一张设计合格的海报要有四个重点环节，只有把每个环节都做好，海报才能产生不错的关注度和传播效果，如图 8-7 所示。

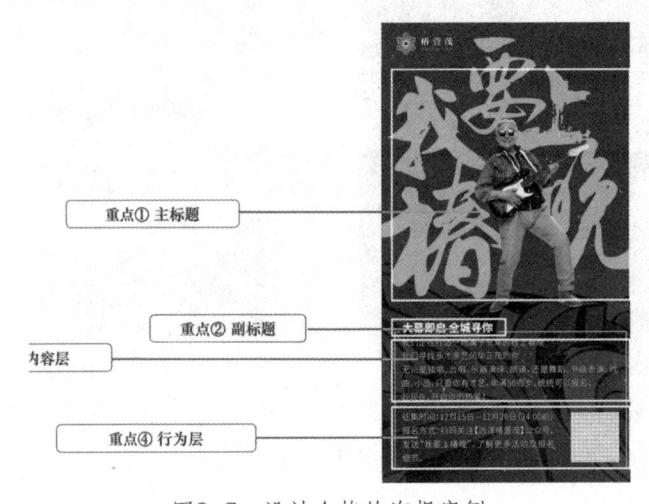

图8-7　设计合格的海报案例

重点1：主标题

主标题的文字要清晰可见，要比海报上的其他文字都大，而且要尽可能地大，这样用户才会在看到海报的第1秒，就被其吸引。而且价值点要突出，像秒杀、仅此一次等字眼，要足够大，才能抓住眼球。

比如，图中的主标题是"我要上椿晚"。主标题文字明显而突出，用户在看后第一时间就能知道你想表达的意思，也会判断自己对其有没有兴趣。

重点2：副标题

副标题其实也是标题的一部分，是把吸引用户眼球的那部分文字作为主标题剔除掉后的剩余内容。如果用户对主标题感兴趣，第二眼会看副标题，因此副标题也要清晰明确，让用户知道你想做什么事。

比如，图中的副标题是"大幕即启，全城寻你"。那用户在看后又会迅速得到一个信息增量，就是晚会舞台在寻找有才艺、愿意表演的用户。

重点3：内容层

内容层是为了展现你想表达的主要信息。这些信息一定是主标题和副标题的内容延伸，如果信息量太大，我们可以多列一些关键词来表达。内容层要能足够吸引用户，也要让用户知道具体的玩法。

如图8-7中的内容如下。

（1）我们正在打造一场属于长辈的线上春晚。

（2）我们寻找多才多艺、风华正茂的你。

（3）无论是独唱、合唱、乐器演绎、朗诵，还是舞蹈、书画表演、戏曲、小品，只要你有才艺，年满50周岁，统统可以报名。

（4）趁现在，开启你的热爱！

内容有层次，关键点清晰，也有激励用户的话语。

重点4：行为层

行为层是用户产生兴趣后进一步获取联络方式的地方。最好把这个区域和上面的三个部分区分开来。此外，为了进一步提升转化率，可以在二维码旁添加一些引导性的话语，比如"机会难得，仅此一次""动动手指即享优惠""添加客服微信即获免费资格"等，激励会让用户马上行动起来。另外，此处不建议放电话号码，具体原因在本书前面的内容中已阐述过。

如图8-7中的内容如下。

（1）征集时间：12月15日~12月26日（24:00前）。

（2）报名方式：扫码关注【远洋椿萱茂】公众号。

（3）发送"我要上椿晚"，了解更多活动和报名细节。

（4）添加最右侧的公众号二维码。

行为层的指令明确，简洁易懂。如果能将用户直接引流至私域微信号，可以更好地与用户建立联系。

以上四个重点就是设计合格海报的关键环节，不难理解，只要按要求去做，人人都可以设计出优质的海报。

三、优质海报案例

为了让大家更直观地对优质海报有所感受，本书列举了以下四个案例，供大家参考。

案例1：招聘海报（见图8-8）

优点：在设计上完全突出了优质海报的四个重点，整体风格简洁商务。

案例2：酒店海报（见图8-9）

图8-8　设计优秀的招聘海报　图8-9　设计优秀的酒店活动海报

第八章　提升用户裂变的技巧

优点：同样关注了设计的四个重点，搭配的图片也很能吸引用户。

案例3：康养海报（见图8-10）

优点：在海报设计的四个关键环节做得不错，主题突出，内容展现有层次。

案例4：餐饮海报（见图8-11）

图8-10　设计优秀的康养项目海报　　图8-11　设计优秀的餐饮海报

优点：时尚有新意，把主标题、副标题、内容层、行为层合在了一个"秋"字的二维码里，用神秘感吸引用户继续探索。

小结与演练

本节中我们讲解了海报设计的意义和作用，分析了关注度低的海报的具体原因。同时，我们对优质海报进行了要素拆解。此外，还有个小问题，人家也要注意：

在设计海报时，使用正常的单图形式就好，尽量不要用长图或宽图的形式，因为长图或宽图会让一部分内容产生隐藏和折叠，用户的直观感受并不好。

演练建议：

结合海报设计的四个重点环节，设计一幅优质的海报吧！

第九章
二次认知私域运营

　　私域流量运营是一个不断满足用户需求、培养用户习惯、建立用户信任、迭代用户关系的过程。这个过程改变了仅以成交为目的的短期营销行为,把消费者和生产者通过更深刻的关系连接在一起,通过高频互动、内容传播、价值共创来逐步实现企业的愿景。

反思追问——本书内容

1. 私域的概念是什么？

私域的概念是从互联网行业延展而来的，其原意是指互联网私有数据（资产）积蓄的载体。这个载体的数据权益为私人所有，且具备用户规则制定权，受社会法律的约束与保护。

在移动互联网时代，私域是指品牌拥有可重复、低成本甚至免费触达用户的场域。私域业态是线上线下一体化的品牌自主经营阵地，也是品牌自主发展、全面掌握客户关系、进行线上线下联动的一种新业态。

2. 什么是康养项目的私域？

这是指康养项目可以通过线上和线下两种场景，直接、反复触达用户，并能与用户进行有效沟通的场域。这其中有三个关键词：直接、反复触达、有效沟通，三者缺一不可。直接是指我们联系用户或者用户联系我们时都是以点对点的方式；反复触达是说，只要一方愿意，可以每天无限次地联络另一方；有效沟通是指及时性和交互性（有问有答、交替进行）的沟通。

基于这三个关键词，我们才能理解为什么康养项目私域运营的主场景目前只有朋友圈和微信群。前文介绍过，康养项目内的线下环境可以视为主场景，但它只能用来进行直接、反复触达，并与已入住用户进行有效沟通，而更多的私域潜在用户并不在这个场域里。本书还介绍过，微信视频号有可能会是下一个主场景，是因为目前在这个场景里还不能与用户建立起有效的沟通关系。

3. 哪些人是康养项目的私域用户

只要用户添加了康养项目的私域微信个人号或企业微信个人号，那他/她就是你的私域用户。用户群体涵盖了康养项目的已成交入住用户、高意向用户、潜在用户和可传播的关注用户。这些用户中的大部分是退休长辈和他们的家属，当然，还会有一小部分是康养同行。

他们的共同特征是：关注康养项目，关注康养生活方式，关注项目动态和康养资讯，渴望获得与自身需求相匹配的信息和服务。

4. 与平台思维的私域流量运营有何不同（见图9-1）？

平台思维的私域流量运营　　　　　　　　康养项目的私域流量运营

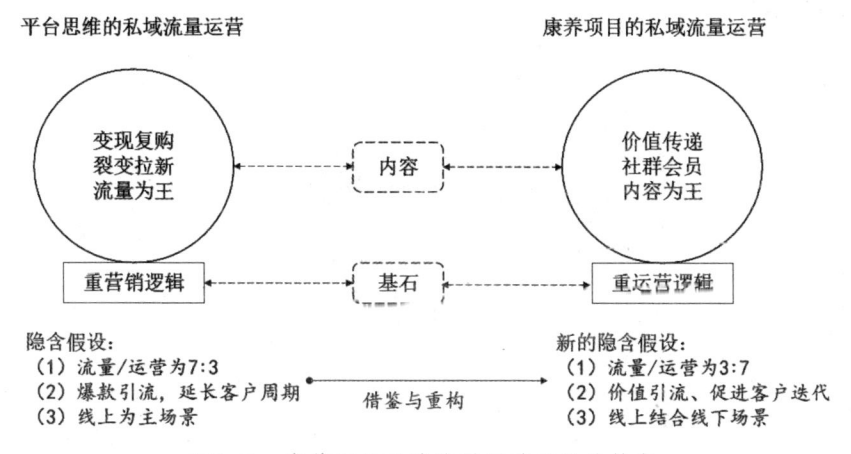

变现复购　　　　　　　　　　　　　　　价值传递
裂变拉新　　← 内容 →　　　　　　　社群会员
流量为王　　　　　　　　　　　　　　　内容为王

重营销逻辑　← 基石 →　　　　　　　重运营逻辑

隐含假设：　　　　　　　　　　　　　　新的隐含假设：
（1）流量/运营为7:3　　　　　　　　　（1）流量/运营为3:7
（2）爆款引流、延长客户周期　 借鉴与重构 （2）价值引流、促进客户迭代
（3）线上为主场景　　　　　　　　　　　（3）线上结合线下场景

图9-1　康养项目私域流量运营思维的转变

（1）隐含假设不同。

平台思维的私域流量运营中，引流是重要任务，运营流量只是留存转化用户的手段。依靠爆款产品来引流，目的是延长用户的生命周期，让用户在成交后多次复购，直至失去兴趣。在运营中我们会更多地依靠线上场景。

在康养项目的私域流量运营中，引流只是运营的第一步，我们要把大部分精力放在引流后的用户运营与维护上。依靠价值来引流，目的是完成用户迭代，让用户从关注者到参与者，并最终成为品牌的拥护者和传播者。在运营中，我们会把线上与线下场景更好地结合起来。

（2）底层逻辑不同。

平台思维的私域流量运营，是营销逻辑，是短期的商品销售，让更多的人购买，并产生复购。

康养项目的私域流量运营，是运营逻辑，是长期价值提供，为更多的人服务，促使人们自发地进行传播、拥护。

（3）运营核心不同。

平台思维的私域流量运营，是流量为王，所以其重点是裂变拉新，目的是变现复购。

康养项目的私域流量运营，是内容为王，所以其重点是信任关系，目的是价值提供。

反思追问——康养营销

康养营销的格局转变，如图9-2所示。

传统意义上的康养营销　　　　　　　　新格局的康养营销

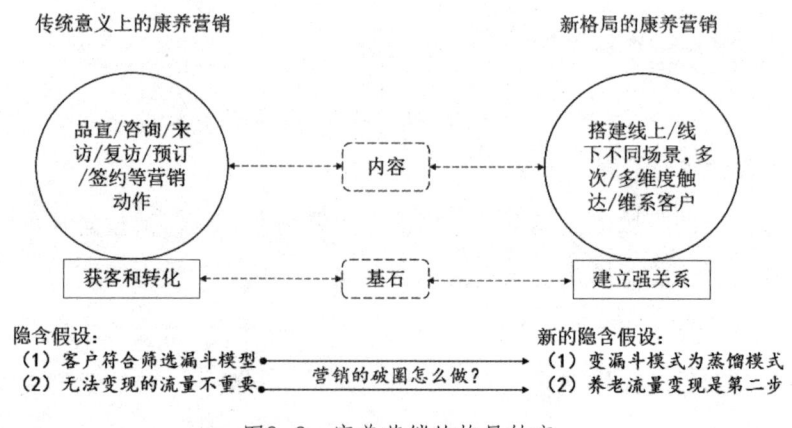

品宣/咨询/来访/复访/预订/签约等营销动作 ←→ 内容 ←→ 搭建线上/线下不同场景，多次/多维度触达/维系客户

获客和转化 ←→ 基石 ←→ 建立强关系

隐含假设：
(1) 客户符合筛选漏斗模型
(2) 无法变现的流量不重要

营销的破圈怎么做？

新的隐含假设：
(1) 变漏斗模式为蒸馏模式
(2) 养老流量变现是第二步

图9-2　康养营销的格局转变

1. 从品牌宣传到用户拥护

传统思维下的康养营销是"品牌宣传+用户获取与转化"。康养项目员工肯定越来越能感觉到，品牌宣传未必能打动用户，随着用户流量越来越贵、用户转化周期越来越长，用户流失反而越来越多。这与康养项目的发展阶段有着必然的联系。

在品牌宣传的营销 3.0 时代，企业依靠品牌宣传阵地，通过各类媒体宣传企业产品、树立企业形象、扩大企业知名度，力求把品牌植入用户脑海中。

在移动互联网时代，用户获取信息的方式发生了根本性变化，他们从相信品牌、相信企业、相信产品，变为相信口碑、相信消费者、相信体验。

用户处于营销 4.0 时代，企业依靠的是粉丝经济，通过私域用户把企业产品的体验和价值分享、传播出去，从而吸引更多的人来体验和分享，口碑就是你的品牌，有越多的人拥护你，你的知名度就越高。

新格局下的康养营销，应该从品牌宣传走向用户拥护，把更多的预算放在用户身上，把更多的精力放在用户的反馈上，把更多的人力铺在用户关系维护上。

2. 从漏斗模式到蒸馏模式

传统思维下的康养营销是使用漏斗模式来筛选用户。康养项目通过渠道推广来吸引社会上广大用户的关注，从关注者中筛选出对项目感兴趣和能够致电咨询的用户，再从感兴趣的用户中筛选出能来参观项目的用户，然后再从来访参观后的用户中筛选出 A、B 类用户，最后再从 A、B 类用户中获取成交入住的用户。这是典型的漏斗模式，通过层层过滤、层层筛选，最终获得想要的资源。而被筛掉的大量用户资源，并没有被有效利用。

新格局下的康养营销应该采用蒸馏模式。即把所有的用户资源都放在康养项目的私域池里，然后再通过日常的私域运营手段和方法，不断给私域池加温，让私域池中的用户活跃起来，随着温度的不断升高，总会有用户产生升华现象，凝结成我们的最终用户。而私域池中的水不会被倒掉，长期的价值提供会让用户不断升华凝结，不断成长，我们也不会随意浪费任何用户资源。

康养项目用户的成交是有周期的，蒸馏模式可以突破营销短视，真正沉淀下来，做长周期的事情。每一个康养用户的需求都应该被认真对待，蒸馏模式就是把用户当成真实的人，而不是流量。

3. 从营销动作到营销场景

传统思维下的康养营销关注的是营销动作，接听、致电、邀约、接访、逼定、复访、预订、签协议等，这一个个营销动作的背后是一套套营销话术和营销技巧。从培训、演练到实战、督导，每个员工都变成了营销专家，但最后我们却发现，越来越多的营销专家并不能带来越来越多的用户，这真是一个悖论。

从本质上思考，康养用户成交这件事，是要通过反复触达用户，让用户在信任的基础上感觉需求被满足，才有可能成交。而反复触达是需要场景的，不能总是让员工给用户打电话、发微信，这种单一的营销方式对促进成交没有帮助。

新格局下的康养营销更应该关注营销场景的搭建，而私域流量池的运营提供了非常丰富的触达机会和场景。我们可以通过音文、视频、直播、游戏化地产出内容，给用户提供价值，可以通过"线上＋线下"的活动邀请用户，可以通过话题参与、裂变形式和用户互动交流，可以通过长期微信群和快闪微信群把用户组织起来，可以通过社群运营让用户和项目紧密地结合在一起。这样才会让员工和用户有话可说、有事可聊，不以营销为目的的沟通才能建立长期的信任关系，保持稳定的黏性。

4. 从关注转化到关注关系

传统思维下的康养营销关注的是用户转化率，具体表现为来电量、来访量、电转访率、访转成交率等数据。大部分康养项目的用户转化率都不高，80%~90%的用户都不能很好地转化成交，而且即使来电量、来访量成倍增加，转化率也不会有太大变化。因为人的精力是有限的，员工只会关注他/她认为能转化的那一部分用户，毕竟和个人业绩与薪资挂钩，他/她自然也不会在自己主观上认为不能转化的用户身上花费过多的精力。这又是一个悖论，一方面我们想提升营销技巧，试图提升转化率；另一方面，员工只关注能转化的用户，因而转化率不会有本质上的变化。

新格局下的康养营销应该更关注用户关系。用户关系是转化成交的基础，用户关系的维护不应该是营销部门的事情，因为他们受制于KPI机制，无法做得很好。康养项目的用户关系应该在私域流量池运营中被提升到战略高度，统一布局、精心组织、有效跟踪每一位用户的关系建立和维护情况，我们给用户分类也应该是按照关系来分，而不是按照转化程度来分。真正用心地把每一位用户维护好，才能从本质上提升转化率。

反思追问——康养运营

康养运营的格局转变，如图9-3所示。

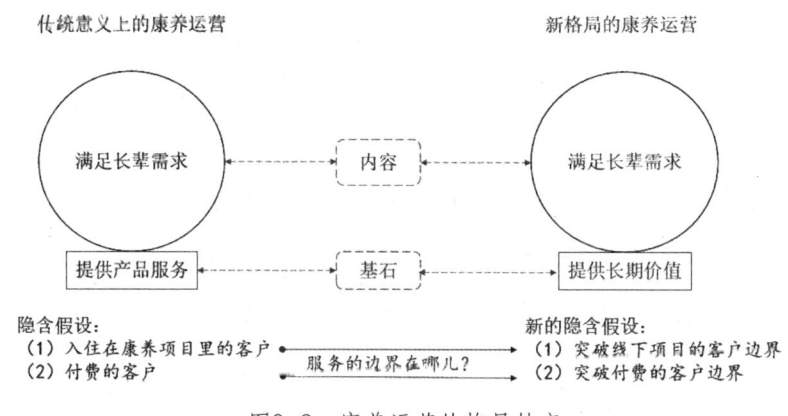

图9-3 康养运营的格局转变

1.服务的边界在哪儿？

（1）突破线下项目的范围。

传统意义上的康养项目运营，是给项目内的入住用户提供产品和服务。康养项目是线下实体的服务，是用户的生活场所和第二个家。长久以来，我们的各种服务都是在项目内开展的，无论是管家服务、照护服务、餐饮服务还是后勤保障，都离不开项目本身。

随着互联网时代的深入发展，单纯的线下服务已经不能满足用户的多样化需求了。比如，远程问诊和在线诊疗、线上代购和预订、线上活动与内容分享、线上联欢、线上听课等，有的项目还有供用户使用的生活App和小程序。时代的变迁让人们的生活场景逐渐从线下向线上迁移，线上活动也成为人们日常生活中不可或缺的一部分。

如何突破只在线下进行服务的边界，研究用户在线上活动的需求，提供相应的线上服务类型，提升线上服务能力，已经逐渐成为每一个企业的必答题。大型商超有线上服务商城、会员俱乐部；航空公司有线上服务机制和线上多种会员权益；医院、银行已经逐步将互联网化的功能向线上迁移。这是时代的需要，不做线上场景，用户的需求就不能有效地得到满足；这也是运营的需求，不做线上场景，用户会慢慢流失，线下成本会居高不下，从而慢慢失去竞争优势。

尽管康养项目运营还处于新生发展期，但这是每一个运营管理人员都应该去思考并解决的问题。

（2）突破付费用户的范围。

传统意义上的康养项目，只给付费用户提供服务。尽管为了配合营销活动，会给高意向用户提供一些免费体验或简单服务，但仅此而已。这个道理很简单，服务是有成本的，没有收入的服务不会带来效益，当然也不会有人去做。

但是如果你足够细心，应该可以发现越来越多的企业都在把服务的触角伸向前端，伸向潜在消费者，伸向普通大众。如果有一天，所有企业都开始为未付费用户提供服务了，你会怎么办？这是一种内卷现象，但是无人可以跳脱出去。

这些企业如何给未付费用户提供服务呢？它们会和本书所讲的内容高度一致，是在企业的私域流量池里给自己的私域用户提供"线上+线下"的服务。私域流量池中的大部分用户并没有付费，他们只是在默默关注，可能还会被项目吸引，如果此时搭配服务，就有可能使用户产生信任和好感，并转化成交。

给康养项目私域用户提供服务不是营销人员山的工作职责，而恰恰属于运营人员的工作范畴。我们需要获取需求，为用户答疑，让用户满意；需要设计"线上+线下"的活动，让用户有更好的互动体验；需要做深度的内容产出，让用户放心和安心。没有强有力的运营作保障，用户的这些要求都不会轻易达到。

2.运营的天花板在哪儿？

（1）服务组织过程。

运营的一端连接的是服务，另一端连接的是经营。运营就是要把服务过程组织好，把员工和用户管理好，通过资源协调，降低内耗，通过目标导向，稳扎稳打，最终实现企业的经营目标。

在当今时代，服务组织的过程越来越难。难在可控程度降低，难在不确定因素太多。这背后的一切都是需求的变化所导致的。企业无法持续满足员工的需求变化，所以员工流失率高；企业没有及时关注用户的需求变化，提供的服务不是用户想要的，用户想要的服务又无法提供，用户当然会流失。

所以做运营的首要功课是关注需求，而且是每个个体的个性化需求。

（2）要提升触点体验。

康养项目的服务种类繁多，服务过程复杂。如果如前文所说，突破服务边界，为更多私域用户服务，建立更多线上服务内容。那一定是对运营管理人员的考验和挑战。

最好的做法就是把服务场景简化成触点，每个服务场景可能会有几个触点，我们只要把其中的一个或几个触点的体验做到极致，用户一定会有"满意+惊喜"的感受。但如何找到触点、如何制定极致体验流程、如何一以贯之等这些细节工作，更能考验运营管理人员的功底。

（3）多占用户时间。

阿那亚的创始人马寅说过："服务是什么？最大可能地占用用户的时间。"

用户把时间花在哪儿，用户的钱也就花在哪儿。"移动互联网时代最显著的特点就是"注意力经济"，所有的商业模式都是在抢占用户的时间和注意力。线上App研究的是用户的打开率和使用时长，所以支付宝才会设计那么多的游戏场景，让用户在偷能量、种树、攒鸡蛋、走路线、捐公益等场景中乐此不疲。线下企业也是通过消耗用户时间来实现运营的。比如，盒马鲜生的用户在盒马鲜生超市挑选完食材后，可以直接到盒马鲜生的烹制区进行加工并用餐，这就是利用线下场景来消耗用户时间。

对于康养项目来说，也应该思考如何在私域的运营过程中抢占用户时间。比如，可以增加线上和线下活动，通过娱乐手段，和用户一起"嗨"；可以努力提升私域用户每次线下活动的时长和频次，让用户和你更亲近；可以把线下服务内容迁移到线上，培养私域用户的线上场景使用习惯，可以着力打造你的知识店铺，让用户在你的直播和视频上消耗时间。

（4）连接情感纽带。

对于很多康养用户来说，愿意来你的康养项目，愿意花时间和你聊天互动，愿意参加你的活动，并不是因为你的产品和服务有多优秀，可能仅仅是因为你给予了他们更多的关注，你愿意听他们讲回忆、讲经验、讲听起来不那么有价值的废话。本书在阐述长期微信群的运营中已经谈到，什么是用户需要的价值？有用的、有情感的和有互动的，才是用户需要的。

从另一个角度来说，连接情感纽带就是维护用户关系，就是占用用户时间。当然，情感也是分层次的，安全保障与心理陪伴是感情基础，人格尊重与平等交流是信任提升，体现价值与自我实现则是超级黏性。在康养项目的私域运营中，要多用问候关怀、每日打卡的方式，夯实感情基础；多分享有价值的内容、积极参与互动，提升用户对你的信任；多组织社群活动、深度学习，促成超级黏性。

我们运营的不是康养项目，而是围绕项目的康养人群。

反思追问——康养项目

康养项目的格局转变，如图9-4所示。

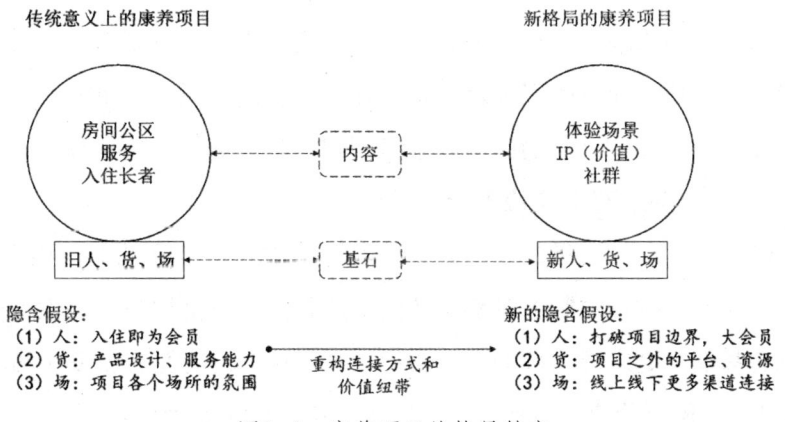

```
传统意义上的康养项目                          新格局的康养项目

    ┌─────────┐                            ┌─────────┐
    │ 房间公区 │      ┌──────┐             │ 体验场景 │
    │  服务   │◄────►│ 内容 │◄───────────►│IP（价值）│
    │入住长者 │      └──────┘              │  社群   │
    └─────────┘                            └─────────┘

  ┌──────────┐        ┌──────┐            ┌──────────┐
  │旧人、货、场│◄─────►│ 基石 │◄──────────►│新人、货、场│
  └──────────┘        └──────┘            └──────────┘

隐含假设：                                  新的隐含假设：
（1）人：入住即为会员                       （1）人：打破项目边界，大会员
（2）货：产品设计、服务能力    重构连接方式和 （2）货：项目之外的平台、资源
（3）场：项目各个场所的氛围     价值纽带     （3）场：线上线下更多渠道连接
```

图9-4 康养项目的格局转变

1.康养项目的范围是什么？

本书所说的康养项目包含：

（1）康养照料中心、嵌入式小微机构、居家康养驿站。包括有长期床位和无长期床位的类型；

（2）各种规模的康养公寓。根据建筑面积规模的不同，每个公寓可容纳的床位数量也不同；

（3）各种规模的康养社区。城市周边大型社区、城市近郊中型社区、城市核心区紧凑型社区等；

（4）类康养形态产品。如旅居养生公寓、疗愈社区、康养共有产权社区等。

以上类型的康养项目，都很适合我们去研究、开展自己的私域运营工作。

对于以居家康养服务为主的项目，私域流量池是连接所有居家康养用户的最好手段，通过"线上＋线下"的场景提供价值与服务，建立信任关系和长期黏性。对于康养形态的产品来说，私域流量池同样是一种更好的连接方式，让员工可以有更多的时间与用户在一起，利于增加传播和口碑效应。对于康养公寓和康养社区来说，私域流量池就是项目的核心竞争力和当下的发展方向，是必须要做的事情。

2.如何开展康养项目私域运营？

传统意义上的康养项目是旧的人、货、场模式，其主要围绕项目实体本身开展经营管理。项目的服务对象是入住用户和其家属，提供的产品是项目自身的硬件和软件，日常的服务内容是用户的生活起居、衣食住行、健康照护，是房间、公区内的各类服务。

新格局下的康养项目是新的人、货、场模式，能实现"线上＋线下"更多的场景连接。项目的服务对象是其整个的私域流量池用户，提供的产品是在项目的基础上更广泛连接的平台资源，日常服务内容是在物质生活基础上的社群活动、圈层价值、精神乐园，是项目IP属性的有效体现。

本书作为康养项目私域运营的实战指南，总结了很多经验和方法。康养项目员工除了要掌握这些方法以外，更为重要的是要有系统组织能力和高效执行能力。私域运营不是由一个人或几个人就可以随意做好的事，我们首先要做好私域运营的战略规划，计划用多长时间，达到怎样的效果，用什么样的组织架构和人员编制来实现，如何建立有效的激励措施和绩效考核指标。其次，我们要制定好岗位职责和工作流程标准，每个岗位的员工如何开展工作、权责是什么、怎么配合协同、每天/每周/每月的工作内容都有哪些。最后，要有培训和演练，要让员工熟悉私域、懂私域运营，避免其执行过程中犯低级错误。

私域运营对康养项目组织架构的影响是颠覆性的，因为它重新定义了康养营销和运营，格式化了与用户的连接方式和服务边界。因此，要有全新的组织行为作支持，员工才能真正做好私域运营工作。

3.康养项目私域运营就是运营社群吗？

有的小伙伴认为，康养项目的私域运营就是运营社群。这个理解是有偏差的。私域运营的范围要比社群运营更广，更注重用户的个性。私域运营是与每个用户建立联系，并根据个体需求，逐一给他们提供相应的服务和价值，所以说，个性化的运营方案才是私域运营的天花板。运营社群只是我们连接私域用户的一种场景和方式。

况且，目前大部分的康养项目还没有形成运营社群的体系和氛围，项目中的长辈俱乐部、兴趣小组等，充其量只能称之为社团，与社群应具备的归属性、自发性、自成长性、价值输出、IP打造等，还有不短的距离。

尾声：当下之路

我之所以写这本书，是因为我觉得康养行业的从业者需要它。我并不是这个行业里的老兵，在我25年的工作经历中，康养行业的从业经历只占了短短的5年。而前20年，我做过酒店服务员，从铺床叠被、刷马桶开始，在基层摸爬滚打；后来我接触过单体酒店、连锁酒店、度假村、物业、餐饮、会所、商业综合体；也曾有机会在互联网平台公司研究O2O度假模式，负责在酒店、集团拓展新的品牌。我想，正是因为前20年丰富的服务行业经历，才能使我更好地审视和思考康养行业里的具体问题。

"私域"这两个字，读起来容易，写起来难，做起来更难。因为康养行业里的项目太特殊了，商业模式特殊、用户心理特殊、发展阶段特殊。要把私域运营和康养项目结合起来，不仅要具备平台思维，还要熟悉康养项目的营销与运营。同时，中国移动互联时代领先于世界，一些康养项目实践经验丰富的国家，如日本、美国、法国虽有成熟的照护技术、管理体系和营销战略，但却没有康养行业私域运营的理念和成熟做法。

于是我把自己在服务行业中运营私域的零散经验串接起来，并结合康养项目的特点，写就了此书。

任何进化，都是生存力不足的必然结果。企业要去公域平台获取流量，因为线下流量不足；企业要做私域流量，因为公域流量太贵；企业要做私域运营，要把"流量"变成"留量"。而当下获客难、转化难、成交周期长、去化速度低就是康养项目生存力不足的表现。私域运营是最好的进化方式，是突破困局的当下之路，也是时代变迁的必然趋势。

如果让我从运营的角度对中国的康养项目做一些展望，我想大概有以下五点。

第一，康养项目会从私域运营中不断深化和延展，更加聚焦于社群运营，然后从社群运营中聚焦于会员运营。这是一个圆环套圆环的概念。私域运营在外圈，社群运营在中圈，会员运营在里圈。能把三个圆环都成功运营好的康养项目，将是可持续发展的行业标杆。

第二，康养项目会经历大洗牌阶段，这个时间不会太远，在之后的5~8年，这个行业会重新洗牌，洗牌后将逐步提升中国康养项目的连锁化率，康养企业真正轻资产运营的时刻才会到来。

第三，康养项目的运营会越来越容易，也会越来越难。之所以说越来越容易，是因为康养用户的消费升级，其支付能力逐步增强，公民的受教育程度越来越高，运营的社会化分工也会越来越细，每块内容都会有专业的公司来协助。之所以说越来越难，是因为康养用户的需求分化，越来越追求个性和满足特殊需求，这将不断拉高运营成本，让康养项目这一群体性实体的服务难度越来越大，这也会分化出更多的品牌分类，用以满足不同康养群体的需求。

第四，未来康养项目将实现机器与服务共生。一方面，人力成本不断增高，人工越来越精简；另一方面，智慧科技和机器会被大量投入使用。其中，流程化和固化操作的工作交给机器，服务与情感连接的工作交给员工。其他服务行业也正处在这个演变过程中，由此带来一种全新的服务理念：从SOP（标准化操作流程，Standard Operating Procedure）到SOS（情感化的标准，Standard of Soul）。

第五，未来的新场域比我们想象中来得快。2021年下半年开启的元宇宙概念，它看似离康养项目很远，其实不然。元宇宙会带来场域的变化，带来连接方式和价值提供方式的迭代，让我们和用户之间从点对点、面对面的连接转变成空间对空间的连接。这必然会对营销和运营方式产生颠覆性的影响。只有先行者才能处于领先地位。

当下之路，私域为王，这是当前场域下最好的用户连接方式和价值提供方式。我也曾反复思考一个问题：康养服务的本质是什么？有人说，康养是照护和协助，我觉得不仅仅是这样，那只是保障手段和一小部分服务能力；有人说，康养是提供生活方式，我觉得也不尽然，因为这种说法太个性化了；有人说，康养是让老人健康和长寿，我觉得那是美好的愿望，在当今社会，老人不健康是常态，长寿且健康太难了。

　　我理解的康养服务的本质应该是让老人内心安静，不焦虑，不慌张；让老人感到悠闲，不为生活烦扰，做自己想做的事。无论老人是居家康养、在社区康养，还是在机构康养，这都是最理想的状态。就像日本著名建筑大师安藤忠雄说的那样："人心是很难居住在这个数字时代的，我想建造的是能让人心扎根的地方。"

杨恕

2023 年 2 月

参考书目

[1] [美]简·麦戈尼格尔.游戏改变世界[M].闾佳,译.北京:北京联合出版公司,2016.

[2] [美]菲利普·科特勒.营销革命4.0:从传统到数字[M].王赛,译.北京:机械工业出版社,2018.

[3] 井凉.酒店私域流量手册[M].北京:旅游教育出版社,2021.

[4] 唐兴通.引爆社群:移动互联网时代的新4C法则[M].北京:机械工业出版社,2015.